Kräder im Einsatz
1934-1945

Horst Hinrichsen

Satz: PODZUN-PALLAS-Verlag GmbH.
Technische Herstellung: Freiburger Graphische Betriebe, 79108 Freiburg.

ISBN: 3-7909-0557-7

Horst Hinrichsen

Kräder im Einsatz 1934-1945

Militärkräder in Reichswehr und Wehrmacht -

Requirierte Kräder - Beutekräder -

Kräder der alliierten Streitmächte

PODZUN-PALLAS

Diese Postkartenansicht vom 8.3.1935 soll die Entwicklung des Einsatzes von Motorrädern seit der beginnenden Heeresmotorisierung in der Reichswehr verdeutlichen. Bei den hell lackierten Krädern handelt es sich um Victoria KR II von 1926, die dunkel lackierten Maschinen sind vermutlich Wanderer aus dem gleichen Jahr.

Bilder und Dokumente stellten zur Verfügung:
Horst Beiersdorf, Klaus Bludau, Jürgen Fitze, Herbert Günther, Henry Hoppe, Peter Hulansky, Johanna Klattkowski, Hanns Kletzer, Robert Mederacke, Munin-Verlag, Dr. Josef Nehmet, Dirk Netzler, Paul Peller, Walter Peyn, Horst Reiter, Horst Scheibert, Dr. Thomas Samek, Ulrich Umrath, R.J.G. van der Vegt, Edgar Voß, Autor.
Den Bildeinsendern gebührt mein Dank!
Für die darüber hinausgehende Mitwirkung bei der Gestaltung dieses Bildbandes danke ich insbesondere den Herren Dr. Josef Nehmet, R.J.G. van der Vegt und Ulrich Umrath für ihre fachliche Beratung und Unterstützung bei der Identifizierung zahlreicher Kräder.

INHALT

Einführung

Im Herbst 1993 erschien mein Buch »Kräder der Wehrmacht«. Ich hatte bis dato festgestellt, daß die Kradfahrer bei der Aufbereitung der Wehrgeschichte zwischen 1935 und 1945 nur sehr oberflächlich berücksichtigt wurden. Und doch waren sie es, die oftmals mit ihren zivilen Motorrädern zum Wehrdienst eingezogen und dann mit diesen Straßenmaschinen »ins Feld« geschickt wurden. Sicherlich in der irrigen Annahme, in wenigen Wochen sei alles vorbei. Gemessen an den ersten Blitzsiegen gegen östliche und westliche Nachbarstaaten war diese Vermutung ja auch berechtigt. Daß letztlich der Krieg annähernd sechs Jahre dauern sollte und sich deutsche Soldaten von Norwe-

Reichswehrangehörige mit ihrer BMW R 62 aus dem Jahr 1928. Die R 62 wurde im gleichen Jahr als erste BMW-Maschine mit einem 750-ccm-Motor in die Reichswehr eingeführt. Beachte die original Werkslackierung.

»Je größer die Kraft, desto wichtiger die Beherrschung.« Aus diesem Grunde nahm auch bei den Kradfahrern mit ihren schweren Beiwagengespannen der sportliche Wettkampf einen hohen Stellenwert ein. Letzte Vorbereitungen an den Beiwagengespannen BMW R 12, die noch über breite Schutzbleche und Aluminium-Fußbretter verfügen.

gen bis Afrika und vom Atlantik bis zur Wolga befinden würden, konnten auch die Experten nicht voraussehen. Und auf all diesen Kriegsschauplätzen mußten auch viele Kradfahrer auf ihren überwiegend nichtgeländegängigen Straßenmaschinen ihre Pflicht erfüllen.

Aus dieser Einschätzung heraus wurde in mir der Gedanke erweckt, ausschließlich einmal den Einsatz dieser Kradfahrer - ob Kradmelder oder Kradschütze - in einem gesonderten Buch darzustellen; sie einmal so zu zeigen, wie sie in der Kriegs- und Vorkriegszeit den Dienst auf ihren »Stahlrössern« zu verrichten hatten.

Mein Aufruf nach entsprechenden Einsatzaufnahmen blieb bei vielen Wehrmachtsangehörigen und ihren Hinterbliebenen nicht ohne Echo. Eine Vielzahl von persönlichen Fotos wurde mir zugesandt. Waren bei dem einen die Erinnerungen an seine »Mühle« noch frisch und lebendig, so traten bei dem anderen doch Zweifel auf, ob sein Krad nun eine DKW 350

oder 350.1 war. War es eine K 800er oder K 800er/W von Zündapp? In der Euphorie über die Vielzahl der eingesandten Kradbilder mit den unterschiedlichsten Krädern traten dann oftmals Zweifel an der richtigen Identifizierung der Kradtypen auf. Beigetragen hat hierzu sicherlich auch eine gewisse Unschärfe im eingesandten Fotomaterial. Es waren ja größtenteils Fotos, die »aus der Hand« von den Kameraden »geschossen« wurden, also keine PK-Aufnahmen, die, von Berufsfotografen erstellt, einer strengen Zensur unterlagen, bevor sie dann zur Veröffentlichung freigegeben wurden. Die teilweise totale Verschmutzung einiger Kräder tat dann ihr übriges hinzu. Doch die Idee für ein solches Buch hat in der Breite ein positives Echo hervorgerufen. Haben sich doch viele beim Anblick der ca. 200 Einsatzaufnahmen an ihre Wehrdienstzeit zurückerinnert. Aber auch zahlreiche Interessenten aus der Nachkriegsgeneration waren von der Vielfalt der auf deutscher Seite eingesetzten Kräder beeindruckt. Daneben haben manche Einsatzaufnahmen, die die schier unvorstellbaren Situationen der Kradfahrer mit ihren Krädern auf den russischen und nordafrikanischen Kriegsschauplätzen wiederspiegeln, bei den Betrachtern Erstaunen hervorgerufen.

Dieses alles hat dazu beigetragen, daß mir nochmals eine große Anzahl von persönlichen Einsatzfotos ehemaliger Kradfahrer zur Verfügung gestellt wurde. Dabei reicht der Kreis der Bildeinsender weit über die eigenen Landesgrenzen hinaus. Hinzu kommen nunmehr Aufnahmen von Einsatzkrädern, die im ersten Band noch nicht enthalten sind. Obgleich der eine oder andere Bildeinsender seinen Aufnahmen detaillierte Angaben über die technischen Daten seines Krades beifügte, soll auch dieser Band kein Nachschlagewerk darstellen, um den technischen Wissensdurst von Motorradfreaks zu stillen. Bei der großen Anzahl der un-

terschiedlichen Kräder, die zwischen 1934 und 1945 in der Wehrmacht Verwendung fanden, würde die detaillierte Wiedergabe aller technischen Angaben zu allen ehemaligen Wehrmachtsmaschinen den Rahmen dieses Buches sprengen. Ausreichende Fachbücher, die annähernd alle Typen der bis 1945 in den Fabriken gebauten und in Reichswehr und Wehrmacht eingeführten Motorräder enthalten, sind mit den entsprechenden technischen Angaben auf dem Markt. Daher wird bei den Bildbeschreibungen in diesem Band nur in groben Zügen auf das jeweils dargestellte Krad eingegangen. Die in diesem Buch wiedergegebenen Bilder sollen vielmehr ein Stimmungsbild vom Einsatz der Kradfahrer im täglichen Truppendienst vermitteln. Es soll dokumentieren, wie und wo die Truppe ihre Kräder, die einstmals als Wehrmachtskräder vom Fließband liefen oder aber als requirierte Privatmaschinen eingezogen wurden, letztlich einsetzte. Das Spek-

Eine BMW R 62 aus der Reichswehrzeit im winterlichen Einsatz. Auf guten Straßen erreichte die Maschine eine Höchstgeschwindigkeit von 115 km/h.

trum reicht daher von der friedensmäßigen Ausbildung der Kradfahrer im heimischen Kasernen- bzw. Übungsgelände über die motorsportlichen Marschübungen wie Harz-Winterfahrt, Teuteburger Wald-Fahrt u. ä. bis hin zum unerbittlichen Kriegseinsatz an allen Fronten Europas und in Nordafrika.

Kradfahrer im letzten Weltkrieg! In Rußland erstarrten Fahrer und Maschine vor klirrender Kälte oder versanken während der Tauperiode im metertiefen Schlamm. In Nordafrika »kochte« der Treibstoff in den Tanks der Kräder, während die Fahrer auf ihren niedrigen Solo- und Beiwagenkrädern unermüdlich den von den vorausfahrenden oder zu überholenden schweren Fahrzeugen aufgewirbelten Wü-

stensand schlucken mußten. Daß all diese Strapazen das »Häuflein« der Kradfahrer und ihrer Beifahrer zu einer verschwörten Kameradschaft zusammenschweißte, beweisen viele Einsatzaufnahmen. Letztlich waren die Kradfahrer beliebte »Anlaufpunkte« für die eigenen Kameraden innerhalb der Einheit, wenn es darum ging, Neuigkeiten zu erfahren. Sie waren es, die Meldungen zu überbringen hatten, Kolonnen in bestimmte Einsatzgebiete geleiteten, Offiziere beförderten oder aber als Spähtrupp eingesetzt wurden Da gab es manche Begebenheit auszutauschen. Und immer wieder Einzelaufnahmen von Kradmeldern, die sich in stolzer Haltung auf ihrer Maschine von Kameraden fotografieren ließen.

Zu den Geländesportveranstaltungen der militärischen Kradfahrer wurden auch zivile Fahrer eingeladen. Die Wettbewerbsgleichheit war dadurch gegeben, daß zivile und militärische Fahrer oftmals gleichartige Motorräder fuhren. Hier eine Horex S 5 mit Stoye-Beiwagen.

Enthielt der erste Band ausschließlich Aufnahmen von deutschen und erbeuteten Krädern, so soll der nun folgende Beitrag auch den Einsatz von Krädern bei einigen ehemaligen Kriegsgegnern zeigen. Dabei liegt der Schwerpunkt bei den amerikanischen, englischen, belgischen, französischen und holländischen Einsatzkrädern.

Über die Ausbildung der Kradfahrer in der Wehrmacht und im Rahmen der vormilitärischen Ausbildung in den Motorsportschulen der NSKK sowie über die Vielzahl der zwischen 1935 und 1945 eingesetzten Motorradtypen wurden im vorangegangenen Band detaillierte Angaben gemacht. Auch wurde über den Farbanstrich des schweren Wehrmachtsgeräts und über die Bedingungen zum Erwerb des Kraftfahrbewährungsabzeichens ausführlich berichtet. Diese Ausführungen sollen daher hier nicht wiederholt werden. Dagegen soll etwas näher auf den sogenannten »Kradmantel« eingegangen werden, da dieses Bekleidungsstück ursprünglich nur den Kradfahrern zustand. Weiterhin wird auf die Kradheizung näher eingegangen, die Mitte des zweiten Weltkrieges bei den schweren Wehrmachtskrädern eingeführt wurde und die bei vielen Interessenten aus der Nachkriegsgeneration unbekannt ist.

Der Kraftfahrgeländesport schaffte zu Beginn der 30er Jahre einen neuen Typ, die »gestählerten« und vielseitigen Anforderungen gewachsenen modernen Motorsportler, die Vorbild für die Kradfahrer in Reichswehr und Wehrmacht waren. Hier das Motiv aus der Bild-Sammelreihe »Die deutsche Wehrmacht« aus dem Jahr 1935.

Deutsche Kräder in Reichswehr und Wehrmacht

Eine abschließende Aufzählung der in Reichswehr und Wehrmacht eingesetzten Kradtypen hier vornehmen zu wollen, würde eine gefährliche Gradwanderung bedeuten. Die Typenvielfalt allein der auf dem Beschaffungswege in Reichswehr und Wehrmacht eingesetzten Motorräder - also ohne requirierte und Beutekräder - war einfach zu groß, um eine abschließende Dokumentation in diesem Buchumfang vornehmen zu können. Neben den bekannten Herstellern wie BMW, NSU, Victoria, DKW, Zündapp, Triumph, Ardie und Puch gab es eine Reihe anderer, kleinerer Motorradhersteller, die mit Staatsaufträgen bedacht wurden. Es darf nicht vergessen werden, daß der Motorradabsatz bis in die 30er Jahre mehr oder weniger stagnierte. Allein im Jahr 1924 gab es in Deutschland mehr als 500 Motorradhersteller, die alle das große Geld machen wollten.

Erst ab 1933 erfuhr die einheimische Industrie eine Reihe von Förderungen, wie Führerscheinfreiheit der 200-ccm-Klasse, Steuerfreiheit für alle Motorräder, Importbeschränkungen und Exportunterstützungsmaßnahmen.
Einen nicht unerheblichen Aufschwung erlebte die deutsche Motorradindustrie zweifellos auch durch die vermehrte Einführung von Krädern in die Reichswehr und spätere Wehrmacht. Allein die Aufstellung der Kradschützentruppe ab 1935 mit ihren Beiwagengespannen förderte auch den Absatz auf dem zivilen Sektor. Es gab ja keine speziellen Wehrmachtsmaschinen, die in die Truppe eingestellt wurden.
So stellten z. B. die Zündapp-Werke Anfang der 30er Jahre ihre zivilen Modelle K 400, K 500 und K 800 erstmals auf dem Berliner Autosalon vor. BMW konnte mit der 750 ccm R 12 mit einer technischen Sensation aufwaren. Als erstes Serienmotorrad verfügte diese Maschine über eine Teleskop-Vorderradgabel mit hydraulischem Stoßdämpfer. Auträge in Millionenhöhe überschwemmten von da ab die deutschen Motorradfabriken. Aus guten Sportmaschinen entstanden »über Nacht« auf einmal

Die »blitzsaubere« BMW R 35, wie sie 1935 in die Wehrmacht eingeführt wurde. Dieses mittlere Wehrmachtskrad mit der ungedämpften Teleskop-Gabel löste das bis dato eingesetzte Solokrad BMW R 4 ab.

»Wehrmachtsmotorräder«. Insbesondere auf dem Teilgebiet der Gespanne erfolgte ein immenser Ausstoß. In großen Stückzahlen wurden insbesondere die K 500 W, die K 800 W und einige Jahre später die KS 600 W als Solo- und Beiwagenkräder in Reichswehr und Wehrmacht eingeführt. Zugleich entwickelte sich ein lukratives Geschäft auf dem deutschen Seitenwagenmarkt sowohl auf dem zivilen als auch auf dem militärischen Sektor. Unzählige Anbieter bewarben sich bei den großen Motorradherstellern mit ihren ausgefallenen Seitenwagen-Kontruktionen. In der reinen Kriegsproduktion, insbesondere für die beiden schweren Beiwagengespanne BMW R 75 und Zündapp

KS 750 mit eigenem Beiwagenantrieb fanden dann nur noch die Einheitsseitenwagen von Stoye, Royal und Steib Verwendung.

Wie bereits erwähnt, ist eine abschließende Aufzählung aller Reichswehr- und Wehrmachtskräder nicht möglich. Dennoch ist zu erwähnen, daß DKW und NSU mit ihren NZ- bzw. OSL-Modellen großen Anteil an der Wehrmachtsausstattung hatten. Ardie lieferte zwischen 1939 und 1943 von der 125er mehrere Tausend an die Wehrmacht. Auch Triumph und Victoria wurden mit Wehrmachtsaufträgen bedacht. Diese Typenvielfalt soll anhand der nachfolgenden Einsatzaufnahmen dokumentiert werden.

Angehörige der »LAH« anläßlich einer Parade im Dezember 1934. Die BMW R 11-Gespanne sind mit dem Einheitsbehördenbeiwagen ausgestattet. Die Besatzungen tragen noch die schwarze Uniform und den 1. Weltkriegstahlhelm, das Modell 16.

Das BMW-Krad R 11 mit einem Pritschenbeiwagen, der einen leichten Granatwerfer mitführt, während der Geländeausbildung im Jahr 1935. Die Besatzungen tragen auch hier noch den 1. Weltkriegstahlhelm, das Modell 16 - hier mit Manöverband.

»Schwer ist der Weg zum Meister!« Bereits in der Reichswehrzeit zeigten besonders talentierte Kradfahrer ihre akrobatischen Künste auf ihren Krädern. Links eine BMW R 57, oben eine Zündapp K 500.

Fahrt unter erschwerten Bedingungen auf Victoria KR 6 »Bergmeister«. Die KR 6 wurde ab 1933 überwiegend als Beiwagenmaschine in die Reichswehr eingestellt. Hier mit dem Beiwagen der Fa. Kali aus Oberursel.

Die robuste BMW R 4 aus dem Jahr 1932 im Dienste der Reichswehr. Hier mit dem »Spieß« H. Reiter im Jahr 1935. Gut zu erkennen der Preßstahlrahmen und die gezogene Schwinge.

16

Ein Foto aus der Sammelserie »Das Neue Reich«. Die Aufnahme zeigt die Übergabe der Huldigungs-Adressen anläßlich der Ostland-Treuefahrt. Im Bild rechts eine Victoria KR 35 aus dem Jahr 1929. In der Mitte und links je eine KR 20 aus dem Jahr 1930.

Die Unterschrift unter diesem Bild aus der Sammelserie »Die deutsche Wehrmacht« lautet: »Unseren Kradfahrern wird Reparatur und Ersatz von Bereifung einexerziert. Die erlangte Geschicklichkeit wird auch bei sportlichen Veranstaltungen gern gezeigt«.

Nicht nur die fahrerische Ausbildung stand bei den Kradbesatzungen im Vordergrund, sondern auch die Orientierung nach der Geländekarte. Eine lebenswichtige Fähigkeit für den Kradfahrer, der im späteren Kriegseinsatz oft auf sich selbst angewiesen war.

Teilnehmer mit ihren weißen Armbinden auf einem BMW R 12-Gespann während der »Sauerländischen Orientierungsfahrt« Mitte der 30er Jahre.

Zwischen 1929 und 1934 stellte die Reichswehr eine größere Anzahl von BMW R 11 in ihre Dienste ein. Mit ihrem stabilen Kastenrahmen bewährte sich diese Maschine insbesondere als Beiwagenkrad.

Das Gespann Zündapp K 500 W, das 1937 in die Wehrmacht eingeführt wurde. Der Beiwagen wurde 1937 in der Zivilausführung auch im Seitenwagen-Angebot der Fa. Royal als Typ S 2 angeboten und ist noch mit einer Tür ausgestattet.

In zahlreichen Weiterbildungsfahrten wurden das fahrerische Können und die Orientierung in fremdem Gelände drillmäßig geübt. Hier eine Kradbesatzung auf dem BMW R 12-Gespann der Luftwaffe bei einer kurzen Geländeorientierung.

Im Schutze einiger Bäume haben diese Kradmelder einer unbekannten Einheit während des Vormarsches in Lettland ihr Biwak aufgeschlagen.

Die Wehrmachtsausführung der NSU 601 OSL aus dem Jahr 1939. Gut zu erkennen ist der begradigte Fischschwanz am Auspuffende, der einen besseren Sitz der Packtaschen ermöglichte. Auch der vergrößerte Tankeinfüllstutzen zur Kanisterbetankung ist gut zu erkennen. Letztlich erhielt die Wehrmachtsausführung eine Motorschutzplatte unten am Rahmen.

Am Kontrollpunkt eingetroffen. Nach kurzer Orientierung setzen die Kradmelder auf ihren BMW-Krädern die Ausbildungsfahrt fort (1941). Beachte auch die Helme der Kradfahrer. Während an zwei sei-denmatten Helmen, Modell 35, auf der rechten Seite das schwarz/weiß/rote Wappen und auf der linken Seite der Adler des Heeres aufgebracht ist, trägt der dritte Kradfahrer einen mattfarbenen Helm ohne Ab-zeichen.

Damals wie heute erwecken die militärischen Geländemaschinen die Aufmerksamkeit der Jugendlichen, wenn die Kradmelder innerhalb ihrer Geländeausbildung in abgelegenen Ortschaften kurz rasten. Im Hin-tergrund eine BMW R 12 (Harzgebiet, 1941).

Sicheres Lesen der Karten war eine der Bedingungen, die ein guter Kradfahrer erfüllen mußte. Stetige Übungen im fremden Gelände schärften seinen Orientierungssinn. Im Bild links eine BMW R 12 -solo, die ab 1935 in die Wehrmacht eingestellt wurde; rechts eine BMW R 35; zu erkennen an den Gummimanschetten der Teleskopgabel.

Kradfahrer führen die Truppe in die neue Stellung. Ein kurzer Blick auf die Karte und der Stellungswechsel wird fortgesetzt. Eine falsche Orientierung kann für die nachfolgende Truppe katastrophale Folgen haben. Links im Bild eine veraltete BMW R 4 aus dem Jahr 1932.

Die Hand- und Fuß-heizung am schweren Krad

Die damalige Wehrmachtsführung hat den Un-bilden des russischen Winters 1941/42 sicher-lich Rechnung getragen und den Einbau von Hand- und Fußheizungen in die schweren Wehrmachtskräder BMW R 12 und R 75 sowie Zündapp KS 600 und KS 750 verfügt. Insbesondere die Kradfahrer und ihre Beifahrer auf den ungeschützten Krädern waren »Väterchen

Frost« mit seinen Kältegraden bis zu minus 50° Celsius und dem eisigen Ostwind schutzlos aus-geliefert, so daß mit dem Einbau von Hand- und Fußheizungen den bis dahin vermehrt auf-getretenen gesundheitlichen Schäden an Hän-den und Füßen Abhilfe geschaffen werden sollte. Sicherlich mögen technische Hindernisse die Begründung dafür gewesen sein, daß an den übrigen leichten Krädern diese Zusatzaus-rüstungen nicht vorgenommen werden konn-ten.

Der Einbau der Hand- und Fußheizung wurde nicht werkseitig vorgenommen sondern mußte

Zündapp KS 750, linke Ansicht, mit angebauter Heizung.

1 Schelle
2 Rohrkrümmer
3 Hutmutter
4 Auspuffsammler
5 Auspuffrohrkrümmer
6 Handschützer
7 Heizmetallschlauch

8 Bofa-Schelle
9 Heizentnahmerohr
10 Zylinderblock
11 Halter
12 Heizentnahmeflansch
13 Fußwärmer

24

in den Truppenwerkstätten nach der Dienstvorschrift 632/6 vom 12.08.1942 durchgeführt werden. Für den Einbau standen Baukästen zur Verfügung, die nur die für den jeweiligen Motorradtyp erforderlichen Teile enthielten. Anhand der in der genannten Vorschrift enthaltenen Tabelle konnten zudem Ersatzteile bei der Herstellerfirma angefordert werden. Hersteller der Kradheizung waren die Triumph-Werke in Nürnberg.

Das System der Hand- und Fußheizung

Bei der Kradheizung wurde ein Teil der Verbrennungsgase des Motors zur Heizung herangezogen. Zu diesem Zweck wurde die Auspuffleitung des Motors unmittelbar nach dem Motorzylinder mehrfach angezapft und die heißen Gase in Rohr- bzw. Metallschlauchleitungen den einzelnen Heizkörpern zugeführt. Diese befanden sich in unmittelbarer Nähe der Füße, an den Griffen des Lenkers sowie am Boden des Beiwagens.

Zündapp KS 750, rechte Ansicht, mit abgebauter Heizung.

1 Heizungsentnahmerohr	6 Heizentnahmeflansch
2 Heizmetallschlauch	7 Handschützer
3 Schalldämpfer	8 Heizmetallschlauch
4 Zylinderblock	9 Heizentnahmerohr
5 Heizentnahmerohr	10 Auspuffrohrkrümmer

Die Handheizung

Von zwei Entnahmerohren aus wurden die Heizgase durch je einen Metallschlauch rechts und links zu dem rechten und linken Handwärmer geleitet. Dort traten die Heizgase je nach Stellung der im Rohr des Handwärmers befindlichen Drosselklappe mehr oder weniger intensiv aus dem Austrittsschlitz des Handwärmers in den Raum des Lederhandschützers. Die Regelung der Handheizung erfolgte durch Verdrehen des unter dem Lenkergriff vorhandenen Regelhebels.

Die Fußheizung

Die für die Fußwärmer bestimmten Heizgase wurden durch den rechten und linken nach unten wegführenden Rohrkrümmer direkt dem Fußwärmer zugeleitet. Durch ein System von Blechschotten traten die Heizgase je nach Stellung des Drosselschiebers mehr oder weniger aus dem trichterförmigen Gehäuse unmittelbar auf die Füße.
Die Regelung der Fußheizung erfolgte durch Verdrehen des Drosselschiebers am jeweiligen Fußwärmer.

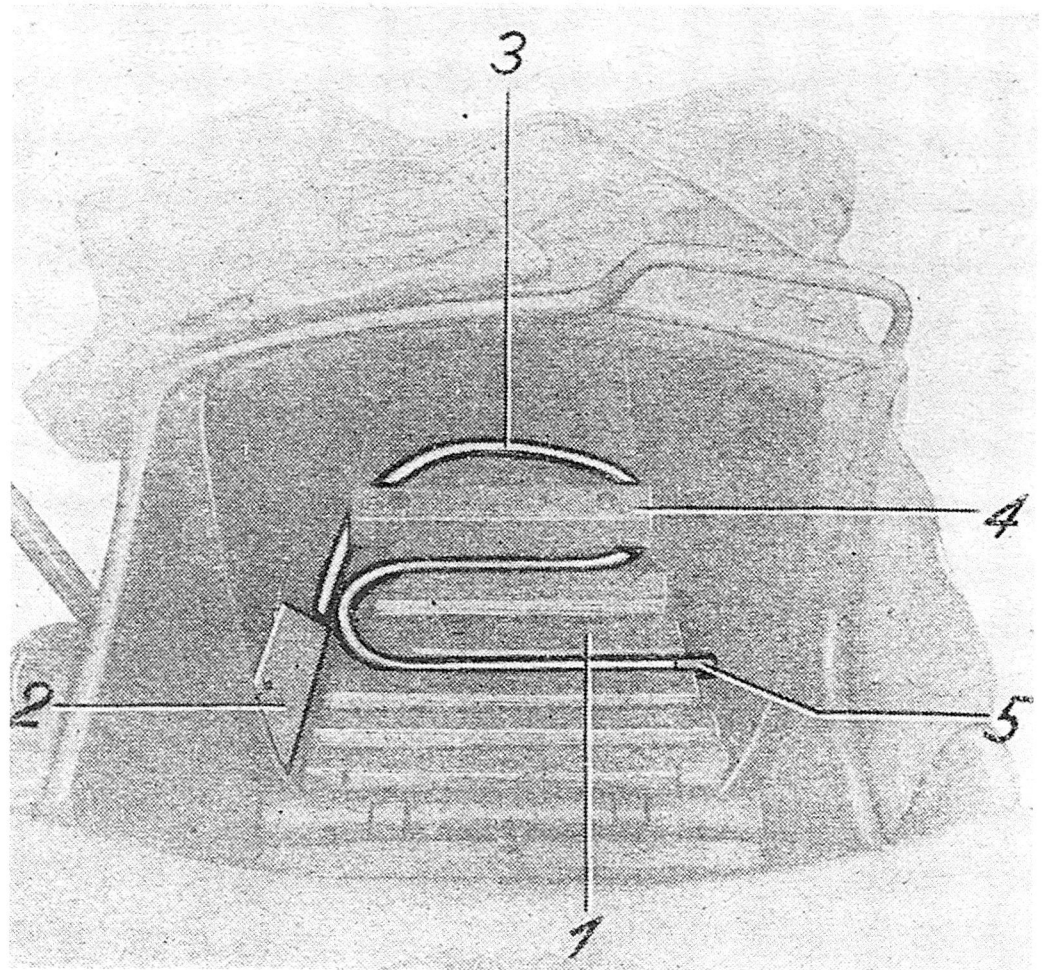

Seitenwagen mit eingebauter Heizschlange.
1 Holzrost   *4 Fußleiste*
2 Wärmeschutzblech *5 Schalldämpfer*
3 Heizschlange

Die Beiwagenheizung

Hierzu wurden die Heizgase durch den Metallschlauch vom dritten Heizentnahmerohr der rechten Kradseite der Heizschlange des Beiwagens zugeleitet. Am Ende der Heizschlange, die zwischen den Sprossen des Holzrostes hindurchführte, bestimmte der Schalldämpfer mit eingebautem Drosselschieber den Wärmedurchgang. Dabei wurde je nach Stellung des Drosselschiebers mehr oder weniger Wärme von der Heizschlange an den Innenraum des Beiwagens abgestrahlt.

Abschließende Hinweise

Vor dem Anlassen des Motors mußten die Drosselklappen für die Heizung an den Drehgriffen geschlossen werden, um den Austritt und die Entzündung von unverbrannten Gasen im Handschützer zu verhindern. »Stichflamme«!
Bei abgerissenen Teilen (Fußwärmer oder Schalldämpfer) war bis zur Erneuerung dieser Teile die offene Heizung zu verschließen, damit die noch feuernden Gase nicht austraten und damit irgendwelchen Schaden oder Geräusche verursachen konnten.

Angehörige einer Fallschirmjäger-Einheit in ihren »Knochensäcken« auf einem Zündapp KS 750-Gespann. Beachte den Tarnaufsatz am Scheinwerfer sowie die Hand- und Fußheizung. Vor dem linken Fuß des Kradfahrers ist der trichterförmige Fußwärmer besonders gut zu erkennen. Auch der Heizmetallschlauch zur Handheizung ist deutlich sichtbar.

Vor dem Quartier der Kradmelder im Kessel von Demjansk ein BMW R 12-Gespann mit winterlichem Tarnanstrich. Auch dieses Krad verfügt über eine Hand- und Fußheizung, wie an den Handwärmern links und rechts am Lenker gut sichtbar.

VB und Bttr.-Trupp einer schweren Werfer-Batterie anläßlich einer Fallschirm-Sprungübung im Gelände, Raum Blankenburg/Harz am 6. 12. 1943. Besonderheiten: Das Beiwagen-Krad Zündapp KS 750 hat zwei leichte Anhänger im Schlepp, die mit 13 Mann und zwei Waffen- und Geräteabwurfbehältern beladen sind. Beachte auch die Hand- und Fußheizung. Besonders gut zu erkennen sind die beiden Handschützer und der Fußwärmer.

Mensch und Maschine sind vom harten Einsatz in unwegsamen Gelände gekennzeichnet. Der Fahrer in seinem langen Kradmantel hat auf seiner Zündapp KS 750 eine Rast eingelegt. Beachte die Schlauchverbindung der Hand- und Fußheizung für die Zufuhr von Warmluft zu den Griffen und zur Fußheizung.

Die Kradbesatzung in ihren langen Kradmänteln ist beiseite getreten und hat ihre DKW NZ 350 in den Mittelpunkt des Erinnerungsfotos gestellt.

Kradmelder Ogfr. H. Günther mit seinem winterlich getarnten BMW-Gespann im Kessel von Demjansk. Trotz der vorhandenen Handschützer verfügte das Kradgespann dieses Kradfahrers über keine Hand- und Fußheizung.

Abmarsch eines Spähtrupps. Auch zu derartigen Einsätzen wurden die vielseitig ausgebildeten Kradmelder herangezogen.

Der Spätrupp hat eine Rast eingelegt. Mit einsatzbereiten Karabinern wird zu einer kurzen Ruhepause übergegangen.

Unverkennbar BMW R 35. Das Nachfolgemodell der R 4 hatte schon die große BMW-Innovation: eine Telegabel. Über 15000 Exemplare wurden von diesem Modell zwischen 1937 und 1940 gebaut. Der größte Teil dieser Kräder ging jedoch an die Wehrmacht.

Auch hier eine Kradbesatzung in typischen Kradmänteln. Beachte, daß das Beiwagenkrad (Zündapp K 600) mit normaler Straßenbereifung ausgestattet ist.

Kradfahrer der Pz.Gren.Div. »Großdeutschland« (weißer Stahlhelm auf dem Beiwagen) durchqueren im Sommer 1940 eine zerstörte französische Stadt. Im Vordergrund ein BMW R 12-Gespann, dahinter eine BMW R 35.

Ein Bild, das für sich spricht! Das schwere BMW-Gespann R 75 im russischen Winter. Auf dem Beiwagen wurde eine zusätzliche Kiste montiert, auf das Antriebsrad des Beiwagens wurde eine Schneekette aufgelegt, das Krad mit einem provisorischen Kalkanstrich versehen, die erschöpfte Kradbesatzung nutzt einen kurzen Halt, um sich »eine Handvoll Schlaf« zu gönnen.

Der Kradmelder auf seiner NSU 501 OSL des Baujahres 1936. Hier die Wehrmachtsausführung mit Packtaschen und Scheinwerferabdeckung.

Offensichtlich handelt es sich hier um eine Paradeaufstellung mit BMW R 12-Gespannen aus der Vorkriegszeit, da die Maschinen über keine Scheinwerferabdeckung verfügen. Zudem sind alle Kräder - mit Ausnahme des linken Krades - noch mit dem breiten Vorderradschutzblech ausgerüstet.

»Diese Richtung!« So kann die Armbewegung des Kradmelders auf seine BMW R 12 gedeutet werden. Gut zu erkennen, daß das Krad bereits mit dem flachen Schutzblech am Vorderrad ausgestattet ist.

Ein Kradschützenzug mit seinen BMW R 12-Gespannen abmarschbereit zu einer Geländeausbildung angetreten.

Der Schutzmantel für Kraftradfahrer und Kraftradbeifahrer (Kradmantel)

Zu den auffälligsten Bekleidungsstücken deutscher Soldaten zwischen 1933 und 1945 zählte zweifelsfrei auch der Schutzmantel für Kraftradfahrer und Kraftradbeifahrer, der sogenannte Kradmantel.

Dieses begehrte Bekleidungsstück, das eingangs ausschließlich für Kraftradfahrer und Kraftradbeifahrer in die Reichswehr eingeführt wurde, nur an den vorgenannten Personenkreis ausgegeben und nur im Dienst mit dem Motorrad getragen werden durfte, erfreute sich im Laufe der Jahre bei Unteroffizieren und Offizieren aller Waffengattungen größter Beliebtheit.

Mit Einführung größerer Stückzahlen von Motorrädern (Krädern) in das deutsche Heer wurden auch Überlegungen angestellt, wie die Kradfahrer gegen die Unbilden des Wetters besser geschützt werden könnten. Keine anderen Fahrzeuglenker waren den Witterungsbedingungen so schutzlos ausgeliefert, wie die Kradfahrer und ihre Beifahrer auf den Solo- und Beiwagenmaschinen. Insbesondere die sich ständig im Einsatz befindlichen Kradmelder waren dem Wind und Wetter, Eis und Schnee erbarmungslos ausgesetzt. Hier brachte der gummierte, wasserdichte Kradmantel einen gewissen Witterungsschutz für den Kradfahrer. Wie bei allen Bekleidungs- und Ausrüstungs-

Die Besatzung erwartet den Start zur Teuteburger-Gelände-Orientierungsfahrt 1936. An den Oberarmen des Fahrers sind deutlich die breiten Aluminiumtressen zu erkennen. Es handelt sich somit um einen Angehörigen aus der Dienstgradgruppe der Unteroffiziere.

stücken, so unterlag auch der Kradmantel im Laufe der Kriegs- und Vorkriegsjahre zahlreichen Veränderungen hinsichtlich Farbe, Form und Grundmaterial.

In den Allgemeinen Heeresmitteilungen 1934, Nr. 85, wurde die Einführung des Kradmantels als Bekleidungsstück für den genannten Personenkreis offiziell bekanntgegeben, nachdem die Trageversuche mit Kraftfahrsonderbekleidungs- und Ausrüstungsstücken abgeschlossen waren. Der Oberkragen bestand aus feldgrauem Grundtuch. Das Tragen von Dienstgradabzeichen am Kradmantel war zu diesem Zeitpunkt nicht vorgesehen. Zur Unterscheidung der Dienstgradgruppen wurden versuchsweise an den Oberarmen des Mantels unterschiedliche, zwei Zentimeter breite Aluminiumtressen getragen, und zwar für Unteroffiziere ein und für Offiziere zwei Streifen. Diese Kennzeichnung hat sich jedoch nicht bewährt, so daß ab 1937 diese Tressen durch abnehmbare Schulterklappen und Schulterstücke ersetzt wurden. Mannschaften trugen keine Dienstgradabzeichen, aber oftmals Schulterstücke.

Auch wurden ab 1935 mehrfach das Material und die Farbe des Oberkragens geändert. Zunächst war der Oberkragen aus feldgrauem Grundtuch. Ab Mitte 1935 (HM 1935, Nr. 288) wurde er dann aus feldgrauem Abzeichentuch gefertigt. Bereits Ende desselben Jahres wurde bläulichdunkelgrünes Abzeichentuch verwendet, das ab Mitte des Jahres 1940 dann in Feld-

blusentuch überging. Während der Unterkragen zunächst aus feldgrauem Tuch bestand, wurde hierfür ab 1936 bis Kriegsende ein gummierter Stoff verwendet.

Um den entsprechenden Wetterschutz zu erzielen, reichte der Mantel bis etwa über die Wadenmitte. Die beiden Vorderteile und der einteilige Rücken waren mit vulkanisierten Nähten verbunden. Beide Vorderteile griffen weit übereinander und liefen von der Gürtellinie nach oben schräg zur jeweils anderen Schulter. Der hochgestellte Kragen konnte mit einer gummierten Lasche geschlossen werden.

Das Rückenteil bestand aus einem nach unten offenen Besatz mit einer einvulkanisierten Mittelfalte. Darunter befand sich ein luftdurchlässiger Stoff, so daß eine Luftzirkulation zwischen Körper und Außenluft gewährleistet war.

Die breite Mittelfalte des Rückens war von unten bis zur Gürtellinie geschlitzt. Die unteren Mantelecken konnten um die Beine geschlagen und dort hosenbeinartig verknöpft werden. Andererseits war es auch möglich, die vier Mantelecken mit Hilfe von Patentmantelknöpfen hochzuknöpfen. Dadurch hatte der Kradfahrer einerseits mehr Bewegungsfreiheit mit den Beinen, andererseits konnten die Mantelecken nicht in die Speichen des Vorderrades gelangen. An den Seiten befanden sich je eine tiefliegende Innentasche.

Die farblich unterschiedlichen Oberkragen sind hier gut zu erkennen. Während der linke Mantelkragen mit dem bläulich-dunkelgrünen Abzeichentuch ausgestattet ist, verfügen die beiden anderen Mäntel über Kragen aus feldgrauem Tuch.

Mit der offiziellen Einführung des Kradmantels wurde folgende Zusatzausrüstung und -bekleidung für Krad- und Beifahrer bereitgestellt:

— 1 Schutzbrille
— 1 wollene, gestrickte »Schlupfjacke«

— 1 Paar »Überstrümpfe«
— 1 Paar »Überhandschuhe«

Die Kosten für die genannte Zusatzausrüstung und -bekleidung - einschließlich des Kradmantels - wurden in den HM 1934, Nr. 85 mit ca. 70 Reichsmark pro Person veranschlagt.

Der Kradfahrer mit seinem Zündapp-Gespann K 800 W hat die unteren Manteltaschen hosenartig um die Beine geknöpft. Gut zu erkennen auch die 8 cm lange Lasche, mit der das linke Vorderteil festgeknöpft wurde.

Der Kradmelder vom Stab Pz.Jg.Abt. 87 der 25. Div. in seinem zu lang geratenen Kradmantel. Dennoch ist die große Innentasche gut zu erkennen. Seine BMW R 4 macht zwar einen »glänzenden« Eindruck, sie ist jedoch bereits aus dem Jahr 1932 (Norwegen, Sommer 1943).

Der Kradmelder in seinem typischen Kradmantel -hier hosenartig um die Beine geschlagen - vor seiner veralterten BMW R 4. Gut zu erkennen an dieser Militärausführung sind hinten eine Packtasche und die Motorschutzplatte unten am Rahmen.

Technischer Dienst an den BMW-Krädern R 75 abseits der Front. Diese Maschinen sind noch mit den großen Schutzblechen mit Hebegriffen am Vorderrad ausgestattet. Beachte auch die Halterung am Beiwagen
zur Aufnahme der zweiten Packtasche.

Die mit einem dunkel-
gelben Farbanstrich
versehene BMW R 75
aus einem späteren
Baulos verfügt bereits
über ein verändertes
Vorderradschutzblech,
der sogenannten
»schmalen Kelle«. Auf
dem Tank ist der Tro-
penfilteraufsatz zu er-
kennen. Die rechte
Packtaschenhalterung
ist bereits dem harten
Kriegseinsatz zum Op-
fer gefallen.

Ein im Maas-Schelde-Kanal gesunkener Kahn dient dieser Kradbesatzung mit ihrem BMW R 12-Gespann als behelfsmäßiger Übergang. Gut zu erkennen ist das große Schutzblech, mit dem die BMW R 12 im Jahr 1935 in Dienst gestellt wurde, das sich jedoch sehr schnell mit Schlamm zusetzte und daher später durch ein schmaleres ausgetauscht wurde.

Eine Kradstaffel mit ihren BMW R 12-Beiwagenmaschinen. Diese Kräder mit den breiten Schutzblechen und Fußbrettern anstelle von Fußrasten stammen noch aus der ersten Wehrmachtslieferung im Jahr 1935.

Den letzten Kriegswinter dokumentiert die Jahreszahl im Hintergrund: 1944. Davor der Kradfahrer auf seinem Zündapp-Gespann, vermutlich eine KS 600 W.

Offensichtlich handelt es sich hier um die friedensmäßige Weiterbildungsfahrt einer Kradschützenkompanie einer SS-Panzeraufklärungsabteilung. Fehlende Scheinwerferabdeckungen und der blitzsaubere Zustand der Zündapp KS 750-Kräder deuten darauf hin.

Das Schicksal eines BMW R 75-Beiwagengespanns. Beachte den Filteraufsatz auf dem Tank. Offensichtlich ist das Gespann ausgebrannt.

»Kameradentreffen« um das BMW-Gespann R 75. Beachte die fehlende Scheinwerferabdeckung und die groben Profilreifen. Offensichtlich ein Erinnerungsfoto aus der Etappe.

Zwei Kräder, die sehr selten anzutreffen waren. Links eine DKW NZ 500 mit Beiwagen, rechts eine Puch 200.

Oftmals wurden die Beiwagenkräder bis an die Grenze des Zumutbaren beladen, wie hier die Zündapp KS 750. Aber den braven und stabilen Beiwagenkrädern konnte man so gut wie alles zumuten. Beachte den zusätzlichen Reservekanister.

Der verwegene Kradmelder auf seiner Zündapp K 500 gönnt sich eine Erfrischung aus seiner Feldflasche. Beachte das taktische Zeichen eines Reiterregiments auf dem Kradrahmen.

Abgedeckte Pferdekadaver säumen die kurze Rast dieser Kradfahrer im Polenfeldzug.

Diese PK-Aufnahme diente sicherlich der damaligen Werbung für die Kradmelder. Die zeigt den Fahrer auf seiner Zündapp K 500 W, die bereits in der Vorkriegszeit als Sonderausführung an die Wehrmacht geliefert wurde.

Mit geschultertem Karabiner und umgehängter Gasmaske präsentiert sich dieser Kradmelder auf seiner DKW NZ 250 für's Fotoalbum. Das Krad ist noch mit einem vorderen Kennzeichenschild ausgestattet, das ab 1943 entfiel.

Verschnaufpause im rückwärtigen Unterziehraum. Die kleine Gemeinschaft hat sich für ein Erinnerungs-foto um das Zündapp KS 750-Gespann postiert. Beachte das fehlende Schutzblech am Vorderrad.

Angehörige der 6. Pz.Div. beim Übersetzen über die Dina bei Ostrow. Im Bild u. a. links eine BMW R 12 als Solomaschine, daneben das BMW R 12-Gespann.

Mit vereinten Kräften wird dieses schwer beladene BMW R 12-Gespann den Hang hinaufgeschoben. Das Krad ist noch mit dem breiten Schutzblech ausgestattet. Beachte auch die Soldaten, die zur winterlichen Tarnung nur mit einem weißen Stahlhelm beitragen konnten.

Fahrer und Beifahrer auf ihrem BMW R 12-Gespann bestaunen die Beschädigungen am leichten Panzerspähwagen der Kameraden (Frankreich, 1942).

Letzte Vorbereitungen einer Kradmeldergruppe für einen Spähtrupp-Auftrag im russischen Storaja-Russe.

Für die Weiterleitung wichtiger Meldungen ist der Kradmelder auf seiner wendigen Maschine nach wie vor ein unverzichtbares Einsatzmittel in der militärischen Führung. Hier ein Kradmelder auf seinem Wehrmachtskrad vom Typ NSU 251 OS, wie es in der D 605/7 offiziell benannt wurde, mit der Motorschutzplatte unten am Rahmen.

*Angehörige einer unbe-
kannten Einheit mit ih-
ren Krädern auf dem
Bahntransport. Im Vor-
dergrund ein BMW R
12-Gespann. Im Hinter-
grund eine Ardie, die
als VF 125 in den ersten
Monaten des 2. Welt-
krieges in die Wehr-
macht eingestellt wur-
de.*

*Endlich ist wieder Brot eingetroffen...Die Besatzung mit ihrer BMW R 12 nimmt dieses wichtige Lebens-
mittel freudig in Empfang.*

Zwei Kradmelder auf DKW NZ 350; hier in der Ausführung, wie sie in großen Stückzahlen als Kurierma-
schine in die Wehrmacht eingeführt wurde. Beachte das grobe Profil am Vorderrad des rechten Krades sowie die »aufmunitionierten« Kradmelder.

Überprüfung der Beiwagenaufhängung an einem BMW R 12-Gespann. Im Hintergrund das taktische Zeichen der Kradschützen, das stilisierte Rad mit dem stilisierten Motorradlenker.

Kradmelder H. Günther am Lenker seines BMW R 12-Gespanns im eisigen Rußland-Winter 1942/43.

Kradmelder W. Peyn vom Infanterie-Regimentsstab der I.D. auf seinem leichten Kraftrad Triumph 250/1 (Schlüsselberg). Die für die Wehrmacht modifizierte 250er wurde ab 1940 produziert. Dennoch war auch sie nicht geländegängig und zudem für den harten Kriegseinsatz zu aufwendig in der Wartung.

Das BMW R 75-Krad im russischen Winter mit aufgelegter Schneekette am Rad des Beiwagens. Dieses Rad verfügte ja auch für einen eigenen Antrieb.

54

Kradmelder beim letzten technischen Dienst wenige Tage vor Beginn des Einmarsches ins Baltikum (Insterburg/Ostpreußen).

Zwei Tage vor Beginn des Rußlandfeldzuges bereiten sich diese Kradfahrer in der Nähe von Meißnerrode/Ostpreußen auf den Einsatz vor.

Angehörige eines NSKK (National-Sozialistisches-Kraftfahr-Korps) bei einer Weiterbildungsfahrt in Hamburg. Das Führungskrad ist das leichte Kraftrad 125 ccm »Phänomen«, Typ Ahoi. Dieses Kleinkraftrad wurde ausschließlich für den Melde-, Not- und Rettungsdienst in den Städten eingesetzt.

Einige weitere Kradtypen der vorgenannten NSKK-Staffel. V.l.n.r.: DKW RT 100, Phänomen Ahoi 125, DKW RT 100, DKW KS 200. Die anderen Kräder sind vermutlich DKW RT 100.

Auch das konnte einem guten Kradfahrer in Rußland wiederfahren. Im unwegsamen Gelände war es nicht immer einfach, die schweren Maschinen, wie hier vermutlich eine BMW R 71, fest im Griff zu haben.

Im Schutze einer Friedhofsmauer hat sich die Kradmeldergruppe zur Rast begeben. Beachte die Vielzahl der Kradtypen.

Obgleich bei dieser Aufnahme der Kradfahrer im Vordergrund steht, sind doch viele Details des schweren Zündapp-Gespanns KS 750 zu erkennen, insbesondere die drei ledernen Packtaschen.

Kradfahrer hatten ganz besonders unter den Unbilden der Witterung zu leiden und mußten oft genug die »Karre« mit eigener Muskelkraft buchstäblich aus dem Dreck schieben, wie hier das BMW R 12-Gespann.

Kradfahrer der II.Abt.Art.Rgt. »LAH« mit ihren unterschiedlichen Beiwagenkrädern auf dem Truppen-übungsplatz Baumholder (1940).

Sicherlich wäre diese Aufnahme als PK-Foto von der strengen Zensur der militärischen Behörden nicht freigegeben worden. Im Bild eine Triumph BD 250 W, die in einer Stückzahl von 12000 an die Wehrmacht geliefert wurde, hier beladen mit der gesamten Ausrüstung des Kradmelders.

Auch zum Transport von Gerät wur-
den die Beiwagengespanne eingesetzt,
wie hier das BMW-Gespann R 75
während der Schneeschmelze im Kes-
sel von Demjansk.

Das mit einem MG 34 ausgestattete Kradschützengespann Zündapp K 800 W und die Besatzung in ihren
wadenlangen Kradmänteln. Beachte auch das einfache Reifenprofil am Vorderrad des Krades.

Die Darstellung von Einsatzkrädern sollte sich grundsätzlich nur bis auf das Jahr 1945 erstrecken. Dennoch möchte der Autor den Lesern die hier gezeigten Aufnahmen von Wehrmachtskrädern, die von einem Liebhaber nach 1945 restauriert wurden, nicht vorenthalten.

Die restaurierte Zündapp KS 750 als Solokrad in dunkelgrünem Anstrich. Die Lederkombi des Fahrers stammt aus US-Beständen.

Eine restaurierte 500er Triumph, Baujahr 1933. Eine Einzylinder-Maschine mit Frischöl-Schmierung und »Tigergabel«.

Auf einer Zündapp K 500 passierte dieser Kradmelder einen Knüppeldamm im Sumpfgebiet von Gorki-Meletscha. Derartige »Straßenverhältnisse« stellten hohe Anforderungen an Mensch und Motorrad.

Eine Beobachtungsstelle der Artillerie ist auf freiem Feld eingerichtet. Die Kradmelder auf ihren BMW R 35 stehen zur Entgegennahme von Befehlen bereit. Beachte die Packtaschen am Vorderrad des rechten Krades.

Pioniere haben über die Maas eine Behelfsbrücke geschlagen, die u. a. auch diesen Kradfahrern als Übergang dient.

Eine Detailaufnahme vom Zündapp-Gespann KS 750 nach Durchqueren eines morastigen Geländes.

Aufstellung der Wettbewerbskräder anläßlich einer Gelände-Zuverlässigkeitsfahrt. Derartige Geländesportveranstaltungen schulten das fahrerische Können und den geschickten Umgang der Kradfahrer mit ihren Krädern. Im Bild überwiegend BMW R 12-Gespanne mit den breiten Schutzblechen.

Offensichtlich vom Fotografen überrascht wurde dieser Kradmelder bei der Reparatur seiner DKW SB 500.

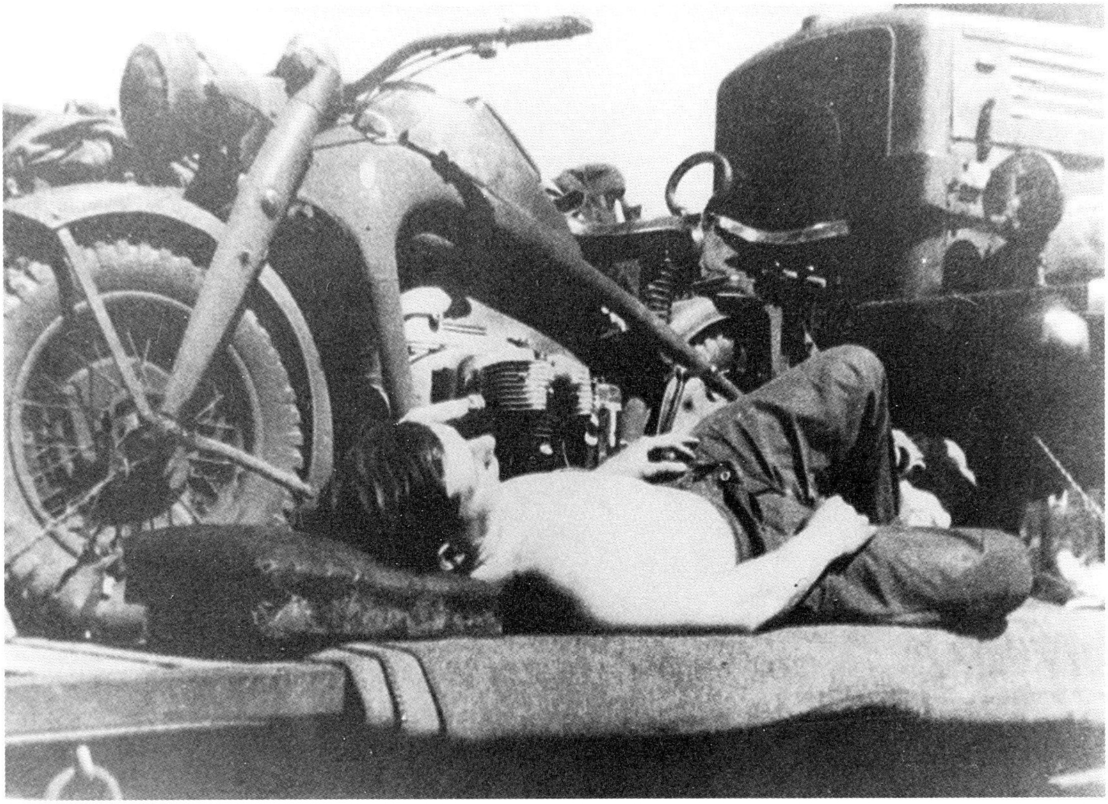

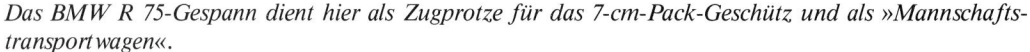

Ruhe vor dem Einsatz! Während des Bahntransports hat sich dieser Kradfahrer neben seiner Zündapp KS 750 zu einem Sonnenbad niedergelassen. Als Kopfstütze dient die Sitzbank aus seinem Beiwagen.

Das BMW R 75-Gespann dient hier als Zugprotze für das 7-cm-Pack-Geschütz und als »Mannschaftstransportwagen«.

ZÜNDAPP
MOTORRÄDER
*bekannt für
Zuverlässigkeit*

Nicht nur auf dem zivilen Sektor warben die Zündapp-Werke für ihre Motorräder, wie hier mit dem KS 600 W-Gespann. Allein von diesem Typ, der mit einem von Zündapp selbst hergestellten Beiwagen zum Gespann kombiniert worden war, wurden von 1938 bis 1941 über 18000 Exemplare an die Wehrmacht geliefert.

Nur äußerst selten war die schwere Zündapp KS 750, wie hier, als Solokrad anzutreffen. Sicherlich wurde der Beiwagen wegen technischer Defekte abmontiert.

Dieses BMW R 75-Gespann mit dem hochgezogenen Luftfilter wurde 1942 in Rußland angetroffen. Das Foto wiederlegt die allgemeine Auffassung, daß die R 75 mit dem hochgezogenen Luftfilter nur auf dem afrikanischen Kriegsschauplatz eingesetzt wurde.

Eine etwas undeutliche Aufnahme, jedoch gut zu erkennen, daß es sich hier um die Zündapp K 500 W handelt. Die K 500 W kam als Solo- als auch als Beiwagenkrad zum Einsatz. Über ein außergewöhnlich gutes Reifenprofil verfügt dieses Krad.

Angehörige einer Instandsetzungseinheit mit einem Zündapp KS 750-Gespann. Beachte die groben Profil-reifen, die sich erheblich von dem herkömmlichen Reifenprofil einer K 800 oder K 600 unterscheiden (Wol-chow, Rußland, 1942).

Marschpause während einer Weiterbildungsfahrt. Beachte die einheitliche Ausstattung der Staffel mit BMW R 75-Krädern.

Angehörige der 24. Pz.Div. auf dem Vormarsch in Rußland (1942). Im Bild u. a. BMW R 75-Gespanne.

Abseits der Rollbahn versackten die schweren Beiwagenkräder oftmals in tückischen Wasserlöchern, wie hier die Angehörigen vom Stab einer Schützenbrigade mit ihrem BMW R 75-Gespann.

Den Karabiner griffbereit, so bewacht dieser Kradschütze seine Vierzylinder-Boxer-Maschine K 800 W von Zündapp. Da die Maschine über keinen eigenen Beiwagenantrieb verfügte, war sie für den Einsatz in umwegsamem Gelände weniger geeignet.

Das schwere Beiwagenkrad Zündapp K 800 W wurde bereits 1934 in die Truppe eingestellt. Die Vierzylin-
dermaschine mit 22 PS war bis Kriegsende im Einsatz.

Bei unzensierten Aufnahmen von Kriegsteilnehmern läßt die Bildschärfe oft zu wünschen übrig, wie hier
beim Zündapp KS 750-Gespann mit dem einachsigen Einheitsanhänger im Schlepp.

An dieser BMW R 75 ist der gewölbte Deckel auf dem Tank für die Aufnahme des hochgezogenen Luftfilters gut zu erkennen. Der Deckel enthielt u. a. ein auswechselbares Filzbalg-Filterelement.

Ein Angehöriger des Pz.Rgt. 25 im Winter 1939/40 auf dem mittleren Kraftrad BMW R 35. Die 14 PS starke R 35 wurde zwischen 1937 und 1940 in die Wehrmacht eingeführt. Die Militärversion erhielt anstelle der normalen schwarzen Lackierung mit weißen Streifen einen feldgrauen Anstrich, Satteltaschen und einen Scheinwerferüberzug.

Die Meldestaffel des I.R. 220 bei der Rast in der Ortschaft Petershof (1942). In der Mitte ein requiriertes Zündapp K 500-Gespann, ganz links eine DKW NZ 350, ganz rechts das französische Beutekrad Terrot 500.

Kradmelder des Divisionsstabes der 30. I.D. bei einer kurzen »Zigarettenpause« im Schutze der russischen Kate. Im Bild auch eine BMW R 35.

Das schwere Zündapp-Gespann K 800 W mit den typischen Lederpacktaschen. Die K 800 wurde überwiegend als Gespann gefahren. Doch waren ihre Reifen zu schmal, um z. B. mit dem Schlamm in Flandern fertig zu werden.

Kradmelder der II. Abt. Art.Rgt. »LAH« auf seinem Zündapp-Gespann KS 600 W. Auch die 600er, die ab 1937 in die Truppe kam, war kein ausgesprochenes Wehrmachtskrad. Sie unterschied sich von der Zivilausführung ohnehin nur durch die wehrmachtsgraue Lackierung, Scheinwerferabdeckung und Packtaschen.

*Das schwere BMW-Ge-
spann R 75 auf heimi-
scher Straße nahe einer
Autobahn-Raststätte
bei Nürnberg. Die R 75
diente ausschließlich
militärischen Zwecken.
Dennoch warb BMW
für dieses Gespann
auch in einem »zivilen«
Prospekt und wies da-
bei voller Stolz auf den
Beiwagenantrieb hin.*

*Kradmelder und ihre Kameraden treffen sich an einem Versorgungsfahrzeug. Im Bild ein Zündapp-Ge-
spann der Panzergruppe Guderian, erkennbar am »G« des Beiwagens.*

Der Kradmelder ist nach wie vor ein »Einzelkämpfer«. Beherrschung seiner Maschine, guter Orientierungssinn und die Fähigkeit, militärische Karten schnell und sicher lesen zu können, zeichnen einen guten Kradmelder aus. Hier der Melder auf einer DKW NZ 350.

78

»Unsere Wehrmacht - Der Melder« - so lautete der Titel dieser Postkartenproduktion aus dem Dritten Reich mit dem Kradmelder auf seiner DKW NZ 350.

Das Zündapp-Gespann K 500 W in sandfarbenem Tarnanstrich, mit dem das Großgerät einschließlich der Fahrzeuge ab 1943 zu versehen war.

Auch das gehörte zum Kriegsalltag! Offensichtlich erhielt diese Kradbesatzung mit ihrer BMW R 12 im Unterziehraum nicht nur Quartier von den Dorfbewohnern.

Der Kradmelder in seiner Reithose, vermutlich Angehöriger einer bespannten Einheit, präsentiert sich in seinem erbeuteten Gnome et Rhone-Gespann zum Erinnerungsfoto.

Überbringung einer Meldung durch den Kradmelder auf seiner BMW R 12. Der Beifahrer mit seiner Stielhandgranate im Stiefelschaft ist abgesessen.

Im dunstigen Hintergrund die Umrisse einer bespannten Einheit. Davor die Besatzung mit ihrem BMW R 12-Gespann mit breitem Vorderradschutzblech und einem zusätzlichen Scheinwerfer auf dem Beiwagen.

Bild Nr. 137 aus dem Sammelalbum »Die deutsche Wehrmacht« mit der Unterschrift: Motorradfahrer gehen über ein Hindernis. Der Motorradfahrer soll auch außerhalb der Wege überall hinkommen. Er muß daher lernen, seine schwere Maschine über Hindernisse jeder Art zu bringen.

Die einheitliche Kradausstattung mit Zündapp K 600 W einer Luftwaffeneinheit.

Eine PK-Aufnahme mit dem Titel: »Kradschützen bleiben dem Feind immer auf den Fersen«. Im Bild links ein BMW R 12-Gespann mit der zusätzlich angebrachten Vorrichtung zur Aufnahme von persönlicher Ausrüstung auf dem Beiwagen. Rechts vermutlich eine DKW NZ 350.

Feldparade einer unbekannten Einheit im Jahr 1935. Das taktische Zeichen am Beiwagenkrad in der Bild-
mitte und die Kradausstattung lassen darauf schließen, daß es sich hier um die ab 1935 neu aufgestellten
Kradschützen handelt, die überwiegend mit BMW R 11 und 12 ausgestattet waren.

Die Idylle trägt! BMW
R 4 und Mannschafts-
zelt sind militärische
Ausrüstungsgegenstän-
de.

Das äußere Erscheinungsbild der beiden schweren Wehrmachtskräder von Zündapp. Oben das Gespann KS 750, unten die K 600 W. Beachte jedoch die unterschiedlichen Reifenprofile.

Die vorausfahrenden Kradmelder weisen der nachfolgenden Truppe den Marschweg.

Eine unbekannte Einheit trifft letzte Vorbereitungen für den Angriff gegen Rußland. Im Bild rechts ein BMW R 12-Gespann, links ein Panzerfunkwagen (Juni, 1941).

Detailaufnahme von einer BMW R 12. Gut zu erkennen sind u. a. der rechte Zylinder, der Schwingsattel für den Soziusfahrer, ein Teil des rechten Trittbrettes sowie die rechte Spiralfeder vom Fahrersattel.

Auch heute noch zählen die Kradmelder zu einem wichtigen Einsatzmittel eines jeden Truppenführers, wie es sicherlich auch dieser Kradmelder auf seiner DKW NZ 350 vor über 50 Jahren war.

Requirierte Kräder

Wohl kein Soldat ist auch heute noch so vielseitig verwendbar, wie der Kradfahrer auf seiner schnellen und beweglichen Maschine, wenngleich damals kriegsaufgestellte Einheiten und Verbände fast durchweg mit einer Vielzahl von Beiwagen- und Solokrädern verschiedenster Fabrikate und Modelle ausgerüstet waren, die auch aus dem Zivilbereich zum Kriegsdienst eingezogen wurden und die oft im wahrsten Sinne des Wortes zum Erliegen kamen, wenn einmal ein kleines spezielles Ersatzteil für ein bestimmtes Krad nicht kurzfristig geliefert werden konnte. Hier war dann der Kradfahrer gefordert, der in der Regel seine Maschine in- und auswendig kannte und mit wenigen primitiven Mitteln seine »Mühle wieder flott bekam«.

Im Rahmen der allgemeinen Wehrpflicht sowie im weiteren Kriegsverlauf wurden zusätzlich zu den Wehrmachtskrädern alle sich im Privatbesitz befindlichen Motorräder beschlagnahmt und der Wehrmacht für den Kriegseinsatz zugeführt. Fachkundige Personen aus der Motorradbranche wurden als »Schätzer« zu sogenannten Übungen einberufen. Ihre Aufgabe war es, die beschlagnahmten Motorräder in Reichsmark zu schätzen, damit die Besitzer entschädigt werden konnten. In der Regel wurden diese Motorräder dann in die Wehrmachtsfarbe umgespritzt, wobei die zivile Zulassung oftmals beibehalten wurde. Auf markanten Stellen wurde dann die Zusatzkennung »WH« angebracht, da diese Teilstreitkraft den größten Bedarf an Krädern hatte. Hin und wieder dokumentieren Einsatzfotos, daß selbst auf die Umlackierung gelegentlich verzichtet und die Maschinen in ihrem »Zivilkleid« an die Front geschickt wurden.

Mit Weißwandreifen zum Kriegseinsatz! Zwei auf Hochglanz polierte Beiwagenkräder wurden zum Wehrdienst eingezogen. Links vermutlich eine Standart mit angeschlossenem Sport-Seitenwagen von Steib/Nürnberg. Rechts eine 350er Triumph mit dem Steib-Sport-Seitenwagen Nr. 36 mit touchiertem Stern.

Die aus der Requirierung resultierende Typenvielfalt stellte die Kradausstattung im deutschen Heer vor große Probleme, da aufgrund der verschiedenartigen Modelle nicht immer rechtzeitig noch ausreichend Ersatzteile beschafft werden konnten.

Luftwaffenangehörige auf einem BMW-Gespann R 12. Der nach vorn aerodynamisch auslaufende Beiwagen stammte aus dem Hause Royal. BMW arbeitete mit diesem Beiwagenhersteller eng zusammen. Der Wetterschutz gehörte nicht zur Wehrmachtsausführung der R 12, so daß es sich hier offensichtlich um ein requiriertes Krad handelt.

Ein Oberschütze der Feldgendarmerie auf seiner requirierten Triumph 500 Tourensport. Dem Kennzeichen nach (IX...) war die Maschine in der damaligen Provinz Westfahlen zugelassen. Nunmehr war es ein requiriertes Krad des Heeres, wie die zusätzlich aufgebrachte Kennung WH belegt. Auch ist deutlich zu erkennen, daß die aufgebrachte Wehrmachtsfarbe am Motor bereits wieder abblättert.

An diesen requirierten Motorrädern unterschiedlicher Typen wird »letzte Hand angelegt«, bevor sie den Einsatztruppen übergeben werden. Im Vordergrund eine NSU 351 OSL.

Kurze Rast während der Weiterbildungsfahrt mit den noch blitzsauberen Krädern. Im Vordergrund eine Zündapp KS 600 mit dem wuchtigen Beiwagen von Stoye. Zündapp favorisierte für die Kräder K 500 und KS 600 Stoye-Beiwagen. Im Hintergrund eine K 500 solo.

Dieses requirierte 750er Beiwagengespann BMW R 11 mit der zivilen Zulassung aus dem Stadtbezirk Munster (IIA…), ist bereits mit einem Soziussitz und Packtaschen für den Militäreinsatz ausgestattet worden.

Kradfahrer in Rußland: »Au wei, Au wei!« Nicht selten fanden die deutschen Landser mit ihren Fahrzeugen derartige Geländeverhältnisse vor, wie hier im Vordergrund der verzweifelte Soldat mit seiner BMW R
35 oder die Gespannbesatzung mit ihrer BMW R 12. Beachte den Reservekanister am Beiwagen. Bei der R
35 handelt es sich um eine requirierte Maschine mit dem Kennzeichen IA... für den Landespolizeibezirk
Berlin.

Nur mit Hilfe von Kameraden ist es diesem Kradfahrer mit seiner schweren BMW R 12 möglich, den stei-
len Anstieg nach dem Übersetzen zu überwinden. (Im Kessel von Demjansk). Die requirierte Maschine verfügt noch über Aluminium-Fußbretter und Schutzbügel.

Die 125er Ardie dieses fröhlichen Kradfahrers ist eine requirierte Maschine. Neben der zivilen Zulassung (IM… für Provinz Sachsen), ist auch hier wiederum auf dem vorderen Schutzblech der Zusatz »WH« aufgebracht. Charakteristisch an diesem Motorradtyp waren die hinten am Zylinder montierten Auspuffanlagen.

Das nicht eindeutig zu identifizierende Zündapp-Gespann diente hier sicherlich als schnelles Einsatzmittel für die Weiterleitung von Meldungen aus dem hinteren Unterstand.

Auf den Sätteln dieser NSU 351 OSL nehmen die Kradmelder ihre Verpflegung ein. Sie gehören zu einem Divisionsgefechtsstand, der hier zwischen den Ortschaften Opatscha und Norvoskett eingerichtet wurde.

Gruppe Fahrgestell		No. 4
München, am 19.6.43 KMT 516/Lf		
Für BMW Vertreter des Inlandes		151

Schweres Kraftrad 750 ccm mit Seitenwagen (angetrieben)
BMW Baumuster 750/275 (R 75)

Gummimanschette zur Gabelabdichtung

Zur Erzielung eines besseren Staubschutzes haben wir eine Abdichtung
der Vorderradgabel durch Gummimanschetten eingeführt, die in der
Serienfabrikation ab Fahrgestell-Nr. 762 259 eingesetzt hat. Diese
Gummimanschetten sollen nach Möglichkeit bei allen bisher an die Wehrmacht gelieferten Krafträdern des Baumusters 750/275 (R 75) nachträg-
lich eingebaut werden. Diesbezüglicher Antrag an das OKH ist gestellt.

Zum nachträglichen Einbau werden benötigt:

2 Dichtungen vollst.	275 1 82 014 o	je 1.40	RM	2.80 RM
2 Einspannstücke oben	275 1 82 069 o	je 2.45	"	4.90 "
4 Sechsk.Muttern dazu	Kr 751 M 6	je -.05	"	-.20 "
4 Federringe	A 6,4 DIN 127	je -.01	"	-.04 "
4 Schellen vollst.	275 1 82 026 o	je -.40	"	1.60 "
Muttern und Schrauben)				
BM 4x20 DIN 86 M4 DIN 934)	je Schelle 1 Stück			
2 Gummimanschetten	275 1 62 021 o	je 2.70	"	5.40 "
2 Überwurfmuttern	275 1 62 235 2	je 2.05	"	4.10 "

Gesamtbetrag 19.04 RM

Diese Teile können über den zuständigen Heimat-Kraftfahr-Park bei den
BAYERISCHEN MOTOREN WERKEN A.G., Zweigniederlassung Eisenach, Ersatz-
teil-Abteilung P 250, Eisenach, Rennbahn 1, bezogen werden.

Bei den Maschinen, Motor-Nr.753 808 mit Motor-Nr.757 250 kommt die
in der Gabelverschlußschraube eingebaute Entlüftung in Fortfall.
Für diese Maschinen sind zusätzlich

2 Gabelverschlußschrauben 275 1 62 030 o je 1.55 RM 3.10 RM

zu bestellen.

Bei Lieferung der Teile zum nachträglichen Anbau wird eine Einbauan-
leitung mitgeliefert. Der Umbau lässt sich sehr leicht durchführen.

Sturz der Maschine

Im Rundschreiben Nr. 1 Gruppe Fahrgestell v.1.5.42 ist auf Seite 7
unter der Skizze übersehen worden, daß auch das Maß für das Baumuster 750/275 (R 75) anzuführen ist. Dieses Maß haben wir unseren Herren Vertreter bereits mit dem Rundschreiben Nr. 108 vom 6.2.42 und
auf Seite 6 des Rundschreibens Nr.1 Gruppe Fahrgestell, bekanntgegeben
Wir bitten, auf Seite 7 des genannten Rundschreibens unter der Skizze
hinter dem Maß 6-12 mm zu ergänzen: "R. 75 : 2 - 3 mm".

BAYERISCHE MOTOREN WERKE
Aktiengesellschaft

Nachdruck auch auszugsweise verboten!

*Die Einführung der Gummimanschetten an der Vordergabel des schweren Kraftrades
BMW R 75 wird in der Literatur oftmals mit unterschiedlichen Daten angegeben. Hier
nun die Wiedergabe des Rundschreibens der BMW AG vom 19. 6. 1943, wonach diese
die Gabelabdichtung in der Serienproduktion an Fahrgestell-Nr. 762259 eingesetzt hat.
Interessant ist auch, daß sich dieses Rundschreiben an die BMW Vertreter richtete.*

Eine restaurierte BMW R 75 mit Gummifaltenbälge aus dem Deutschen Museum in München.

Auch an diesem Modell im Maßstab 1:9 sind die Gummifaltenbälge gut zu erkennen.

Über ein hervorragendes Geländeprofil verfügt das Vorderrad dieser DKW NZ 250. Schutzblech und Scheinwerfer sind allerdings dem Einsatz zum Opfer gefallen. Da die Zweifarbenlackierung am Tank gut erkennbar ist, handelt es sich hier um eine requirierte Maschine.

Feldinstandsetzung an einer NSU 251 OSL. Offensichtlich handelt es sich hier um eine requirierte Maschine. Packtaschen und das begradigte Fischschwanzende am Auspufftopf fehlen, ebenfalls der Soziussitz.

Oftmals wurden die requirierten Kräder in ihrer »zivilen« Lackierung zum Kriegseinsatz gebracht, wie es diesem Beiwagengespann ergangen ist.

Stark beschädigte Wehrmachtskräder, die offensichtlich zur Ersatzteilgewinnung eingesammelt und für den Bahntransport verladen wurden.

Essenholer der Panzergruppe Guderian (»G«). Rechts der Fahrer mit dem Thermokübel auf dem Rücken und seiner BMW R 61. Dahinter das BMW R 12-Gespann. Sehr gut ist hier das breite Schutzblech der Erstausstattung zu erkennen.

Im besetzten Frankreich 1940. Die Kradmelder mit ihren Solo-Krädern Zündapp K 500 W. Beachte insbesondere das mittlere Krad mit der umfangreichen Zuladung von persönlichem Gepäck.

Der Gefreite mit angelegter Schützenschnur und seinem schweren Wehrmachtskrad BMW R 12 auf dem elterlichen Hof im Bereich Breslau.

Der Fuhrpark einer Einheit stellt sich zum Erinnerungsfoto. Vornweg die Kräder: Rechts zwei Zündapp-Gespanne KS 600 W.

Um den verwundeten Kamera-
den schnelle Hilfe angedeihen
zu lassen, setzten die Sanitäter
für ihre Tätigkeit die wendigen
Kräder ein, wie hier ein BMW R
12-Gespann in einer polnischen
Ortschaft.

Einnahme von Verpflegung auf dem Behördenbeiwagen der BMW R 12 anläßlich einer Übung im Jahr
1935.

Frankreich 1940. Der Kradmelder auf seiner Puch S 4 verläßt das französische Fort, in dem die deutsche Wehrmacht Quartier bezogen hat.

Auch diese Kradfahrer erwecken mit ihren Krädern die Aufmerksamkeit einiger Passanten. Links das Zündapp-Gespann KS 600 W, rechts die wehrmachtsgraue Sonderanfertigung der Derby als leichtes Zweitakt-Krad DBK 200 ggf. 250 W.

Angehörige einer Gebirgsjäger-Division haben in diesem Gasthof Quartier bezogen. Im Bild eine requirierte NSU 501/601 T.

Die Einheit ist in einem verlassenen Bauernhof untergezogen. Die Kradbesatzung in ihrem Zündapp K 500 W-Gespann hält die Verbindung zum Bataillon aufrecht.

Die Zündapp K 500 W, zu erkennen u. a. am langen Schalthebel, wurde als Solo- oder Beiwagenkrad eingesetzt.

Eine interessante Aufnahme, die ausschließlich »reinrassige« Wehrmachtsfahrzeuge darstellt, d. h., keine requirierten Fahrzeuge. Im Bild u. a. Zündapp-Gespanne, BMW R 4 und Zündapp K 800 W solo.

Aufmarsch einer Panzerabwehreinheit. Noch läßt der befestigte Untergrund den Einsatz im unbefestigten Gelände nur erahnen. Im Vordergrund ein BMW R 12-Gespann.

Zur Erinnerung an seinen Aufenthalt im Kriegsjahr 1940 in Belgien ließ dieser Kradmelder auf seinem BMW R 12-Gespann das Foto fertigen. Beeindruckend ist das breite Schutzblech.

An der Grenze zu Rußland wurde in diesem Gebäude ein Meldekopf eingerichtet. Rechts ein BMW-Gespann mit aufgesetztem MG. Die Kradmelder erwarten weitere Befehle.

Der Instandsetzungstrupp behebt einen Schaden an diesem BMW R 12-Gespann. Beachte die Fleckentarnung am Werkstattwagen.

Truppenfahrräder und Kräder sind für den Bahntransport verladen. Im Bild u. a. eine BMW R 5.

Die Einheit bricht aus der schützenden Senke zum Stellungswechsel auf. Im Vordergrund zwei BMW R 12-Gespanne.

Der Weihnachtsmann kommt! Angehörige einer Luftwaffeneinheit haben fernab der Heimat ihr BMW R 12-Gespann zum Transport von Weihnachtsbäumen eingesetzt. Beachte auch die Scheinwerferabdeckung (Gasmaske).

In Ermangelung von Tarnfarbe oder Kalk wurden oftmals nur die Stahlhelme dem verschneiten Gelände farblich angepaßt. Hier ein Zündapp-Gespann im russischen Winter 1942.

Die Kradmeldergruppe hat in einem südfranzösischen Anwesen eine Rast eingelegt. Im Bild Puch-Kräder, 350 ccm, die zwischen 1938 und 1940 hergestellt wurden.

Das Zündapp-Gespann KS 600 W im Erinnerungsfoto. Der von Zündapp in Zusammenarbeit mit der Fa. Stoye/Leipzig entwickelte Spezial-Behördenwagen Typ 39 am o. a. Modell.

Zwei Kradmelder mit ihrer DKW SB 500 aus dem Jahr 1936. Die SB-Modelle mit ihren Dreigang-Block-motoren wurden Ende 1937 durch die NZ-Reihe abgelöst. Beide Fahrer in den Kradmänteln mit dem dun-kelblauen Kragenbesatz vor ihrem Quartier (1941).

Der Panzerspähwagen hat im Schutze des Waldes einen technischen Halt eingelegt. Der Kradmelder auf seiner - vermutlich DKW KM 200 - hält Verbindung zur Spitze des Zuges.

Fertigmachen zum Abmarsch signalisiert diese Postkartenaufnahme mit den DKW 350, Bj. 1934, mit Armaturenlenker.

Im Schutze der von Treffern gekennzeichneten Mauern haben die Kradfahrer mit ihren BMW R 75 Krädern eine Rast eingelegt.

Derartige akrobatische Einlagen beim technischen Dienst bildeten sicherlich die Ausnahme. Dennoch beherrscht offensichtlich der Feldwebel seine Victoria KR 6 Bergmeister mit dem angeschlossenen Beiwagen sicher.

An einem elsässischen Grenzübergang passiert dieses Kradgespann die Grenze nach Frankreich. Offensichtlich ist an dem Krad der hintere Teil des abklappbaren Schutzbleches bereits abhanden gekommen.

Auch die Fabrikate des österreichischen Herstellers Puch fanden in der deutschen Wehrmacht Verwendung, wie hier die S 204 aus dem Jahr 1929/33 mit 250 ccm Hubraum.

Vormarsch in Polen 1939. Pioniere haben über einen Fluß eine Ponton-Brücke geschlagen, über die der Kradfahrer auf seinem Zündapp KS 600 W-Gespann die nachfolgende Truppe führt.

Polen 1939. Ein Zündapp-Gespann KS 600 W folgt dem Befehlswagen.

Eine requirierte NSU 501/601 T mit einem links angeschlossenen Seitenwagen. Im zivilen Bereich favorisierte insbesondere Zündapp die Vorteile des links angeschlossenen Beiwagens.

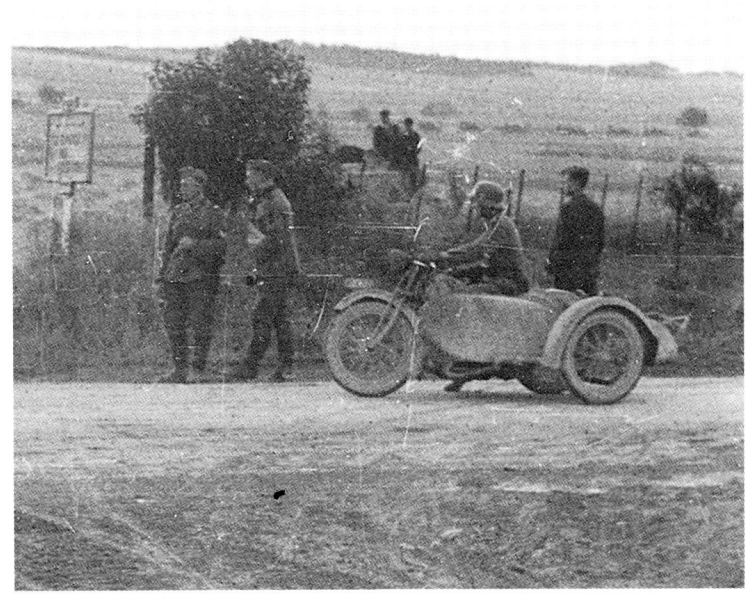

Requirierte Fahrzeuge, die im Frankreichfeldzug eingesetzt wurden. Im Bild u. a. eine Horex.

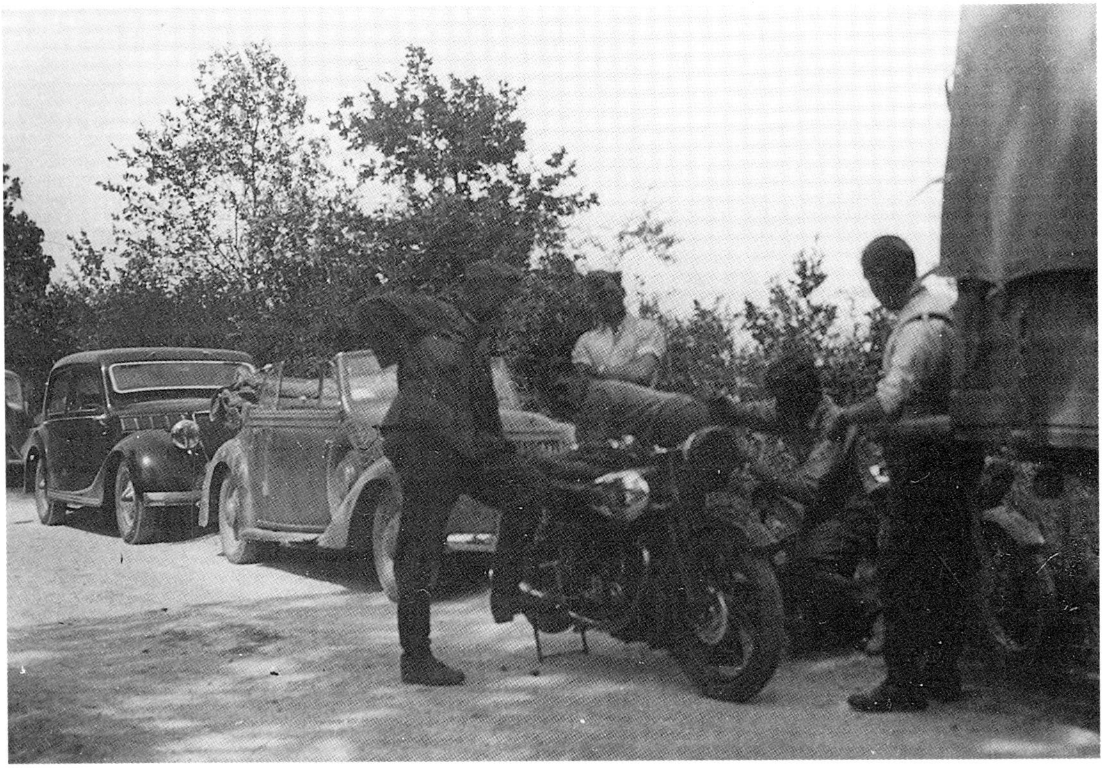

Eine PK-Aufnahme, die das Interesse der Hitler-Jugend an dieser DKW RT 3 PS demonstrieren soll. Auch dieses Leichtmotorrad mit 98 ccm zählte zu den Wehrmachtskrädern. Es wurde jedoch ausschließlich im Heimatland zu Kurierfahrten und Ausbildungszwecken eingesetzt.

Ein Beiwagengespann unbekannter Herkunft im Dienste der Wehrmacht 1940 in Holland. In jedem Fall handelt es sich um ein requiriertes Krad, wenn nicht gar um ein Beutekrad.

Die BMW R 11 aus dem Jahr 1932 wurde hier mit dem windschnittigen Beiwagen der Fa. Stoye ausgerüstet, obgleich BMW Mitte der dreißiger Jahre die Beiwagen von Royal favorisierte.

Flankiert von behelfsmäßigen Panzersperren an der französisch-belgischen Grenze, setzt dieser Kradmelder auf seiner requirierten NSU 601 OSL seine Fahrt fort.

Das mittlere Kraftrad 350 ccm Victoria KR 35 WH »Pionier«. Diese Maschine wurde als das beste Solokrad im Dienste der Wehrmacht bezeichnet. Hier eine requirierte Maschine aus dem Bereich Hessen (VH...).

Eine 500er Standard, Typ Kurier, des schwäbischen Motorradherstellers W. Gutbrod. Die Kurier wurde zwischen 1935 und 1939 hergestellt und hatte 494 ccm und 16 PS. Hier offensichtlich eine requirierte Maschine, da nicht bekannt ist, daß Gutbrod Wehrmachtsaufträge erhielt.

Eine requirierte BMW R 61, die mit ihrem Besitzer im Jahr 1939 zum Wehrdienst eingezogen wurde. Das Nummerschild läßt auf einen österreichischen Heimatort schließen. Hier im Felde bildete die Maschine den Mittelpunkt für ein Erinnerungsfoto mit Kameraden.

Eigeninstandsetzung an einer BMW R 4 durch den Kradfahrer. Auch hier handelt es sich um eine requirierte Maschine, da das halbverdeckte zivile Kennzeichen (IH...) auf eine Zulassung in der Provinz Pommern hindeutet. Oftmals kannten die Kradfahrer ihr Krad sehr genau, wenn sie z.B. mit ihrer eigenen zivilen Maschine zum Wehrdienst eingezogen wurden.

Der stolze Kradmelder auf seiner DKW NZ 250. Offensichtlich handelt es sich hier um eine requirierte Maschine, da - im Gegensatz zur Wehrmachtsausführung - Packtaschenhalterungen, Soziussitz und die Schutzplatte vor dem Lichtmaschinendeckel fehlen.

Zwei Kradmelder, die mit ihren privaten Motorrädern zum Wehrdienst eingezogen wurden. Links eine NSU 501 OSL. Wie auf dem seitlichen Typenschild auf der linken Tankseite ersichtlich, handelt es sich hier um eine Maschine der NSU-D-Rad Vereinigte Fahrzeugwerke AG Neckarsulm. Rechts eine DKW SB 500.

Auf dem Vormarsch in Lettland. Erschöpft haben die Kradmelder im Schutze einer Feldscheune Rast gemacht. Im Bild eine requirierte BMW 600 Sport mit dem zivilen Kennzeichen IA… für den Landespolizeibezirk Berlin.

Zwei requirierte DKW NZ 250. Gut zu erkennen sind die hellen Zierstreifen an den Tanks. Auch die Scheinwerferabdeckungen fehlen. Im Hintergrund ein Phänomen Granit 30.

Diese requirierte Zündapp DB 200 trägt noch die zivile Zulassung IE... (für Provinz Brandenburg). Die wehrmachtsgraue Sonderausführung DB 200 W war als leichtes Meldekrad wegen ihrer Zuverlässigkeit sehr beliebt.

Viele requirierte Kräder, die im »Zivilleben« auf befestigten Straßen schnittig anzusehen waren, hatten im unwegsamen Gelände große Probleme, wie hier die DKW SB 350.

An dieser requirierten Victoria KR 35 B aus dem Landespolizeibezirk Berlin werden letzte Vorbereitungen getroffen, um sie für den Kriegseinsatz verwenden zu können. Offensichtlich sollen Meldetaschen am Krad angebracht werden. Im Hintergrund eine BMW R 4.

Drei ausgelassene junge Unteroffiziere und ihr requiriertes Seitenwagengespann NSU 501/ 601 T aus dem Landespolizeibezirk Berlin (IA...). Der Scheinwerfer ist mit einem provisorischen Tarnüberzug versehen.

Kradfahrer und Beifahrer mit ihren requirierten Krädern: V.l.n.r.: vermutlich eine BMW R 4 und eine Hercules 200.

So erging es dem Kradfahrer, wenn er auf seiner ungeschützten Maschine die in Staub gehüllten Fahrzeugkolonnen überholen mußte, um Meldungen zu überbringen oder um Verkehrssicherungsaufgaben zu übernehmen. Bei dem Krad handelt es sich um eine requirierte NSU 501/601 T aus dem Regierungsbezirk Leipzig.

Der stolze Unteroffizier mit seiner requirierten BMW R 11. Die Wehrmachtsausführung wurde bis 1934 in die Reichswehr eingestellt. Beachte auch das seitlich angebrachte Signalhorn, das an der Wehrmachtsausführung nicht vorhanden war.

Diese zivilen Kräder verschiedener Fabrikate sind für die Requirierung vorgesehen. Die Aufnahme entstand in Döberitz bei Berlin.

Das einstmals in Glanzfarbe lackierte Gespann BMW R 61 mit dem Stoye-Beiwagen aus der Provinz Hessen-Nassau (IT...) wurde nunmehr für den Wehrdienst benötigt.

Diese Maschine mit dem zivilen Kennzeichen IIZ... wurde im Regierungsbezirk Schwaben requiriert. Es handelt sich offensichtlich um eine Triumph S 350 der Baureihe 1936/37.

Die rückwärtigen Nummernschilder an diesen requirierten Krädern wurden mit der Kennung WH versehen.

Offensichtlich ist auch diese zivile Maschine unbekannten Typs zum Kriegsdienst eingezogen worden.

Auf dem russischen Kriegsschauplatz der Angehörige einer Pak-Einheit mit seiner requirierten NSU 351/501 OSL.

Vor dem Verbandsplatz in einem französischen Ort das requirierte Krad Triumph STM 500 mit dem Sport-Seitenwagen Nr. 25 für 195,-- RM.

Eine DKW SB 500 aus der Zivilproduktion von 1936 im Dienste der Wehrmacht.

Auch diesem luxuriösen Gespann mit dem Bei-wagen-Chassis des österreichischen Her-stellers Felber blieb der Einsatz in der Wehr-macht nicht erspart.

Neben dem liegengebliebenen Panzerspähwagen die requirierte NSU 351/501 OS aus dem Landespolizei-bezirk Berlin (IA...).

*Abtransport eines ge-
fangenen französischen
Hauptmannes aus
Cherbourg im Beiwa-
genkrad Triumph S 500
mit Steib-Seitenwagen.*

Eine zivile Zündapp KK 200, die auch als requiriertes Krad in der Wehrmacht Verwendung fand.

Diese chromblitzenden Kräder, die offensichtlich vorerst für eine Übung requiriert wurden, haben sicherlich später auch die dunkelgraue Wehrmachtslackierung erhalten. V.l.n.r.: Eine NSU/D-Rad 351 OSL, eine DKW SB 350 frühe Version, eine DKW SB 350. Im Hintergrund eine DKW SB 500 mit dem Steib-Sportseitenwagen Nr. 36 aus glattem Aluminiumblech, emailliert mit touchiertem Stern für 220,-- RM. Beachte auch die Wehrmachtskennung auf den Scheinwerfern.

Anläßlich einer Sanitätsübung im Jahr 1939 wurden diese Fahrzeuge eingezogen und in Cochem an der Mosel zur Inspektion aufgestellt. V.l.n.r.: Eine BMW R 61 mit einem Seitenwagen der Fa. Royal, eine BMW R 11 mit unbekanntem Seitenwagen, es folgt vermutlich eine DKW SB 500.

Eine requirierte DKW SB 500 aus dem Landespolizeibezirk Berlin (IA…) wurde hier als Meldekrad bei einer schweren Artillerieeinheit eingesetzt.

Im Seitenwagenprospekt von 1935 inserierten die NSU-D-Rad Vereinigte Fahrzeugwerke AG Neckarsulm diesen NSU-Luxus-Sportseitenwagen, passend zur hier abgebildeten 501 OSL, für 295,-- RM. Nunmehr wurde das Gespann für den militärischen Einsatz requiriert und auf dem vorderen Schutzblech mit der Kennung WH versehen. Dahinter vermutlich eine Standard 500 mit zivilem Seitenwagen.

Hier die »Parade« requirierter Kräder. Links das NSU 351/501 OSL-Gespann, daneben die 500 SB von DKW mit Steib-Seitenwagen sowie DKW SB 350.

Die Übungstruppe hat mit ihren requirierten Fahrzeugen aus einer nordbadischen Straße einen technischen Halt eingelegt. Im Vordergrund die zivilen Kräder unterschiedlicher Typen. Beachte im Hintergrund den Seitenwagen mit dem besonders großen Stern.

»Mit den Gedanken daheim«. So könnte dieses Foto mit den beiden Kradmeldern auf ihren Maschinen bezeichnet werden. Bei den Krädern handelt es sich offensichtlich um requirierte DKW SB 500.

Beeindruckend der verzweifelte Gesichtsausdruck dieses Kradfahrers mit seiner BMW R 61 im morastigen Gelände. Die R 61 war keine reine Wehrmachtsmaschine und daher für diese Geländeverhältnisse völlig ungeeignet.

Ein requiriertes Krad unbekanntem Typs mit Dynamo. Bei dem Dynamo handelt es sich um eine Preßluft-hupe. Der Kompressor wurde mittels Bowdenzug an das Vorderrad gepreßt.

Mitte der 30er Jahre hatte die Motorradbranche Hochkonjunktur. So brachte z. B. Zündapp ab 1934 die schwere K 800 auf den Markt, die überwiegend als Beiwagenmaschine - wie auf dem Foto ersichtlich - ge-nutzt wurde. Sicherlich wurde so manche dieser Maschinen mit Beginn des II. Weltkrieges von der Wehr-macht requiriert und in feldgrau umgespritzt.

Beutekräder

Bei den eigentlichen Wehrmachtskrädern und den requirierten Motorrädern aus dem zivilen Bereich konnte das Problem der Ersatzteilbeschaffung und Reparatur der Maschinen größtenteils - wenn auch mit erheblichen Schwierigkeiten - gelöst werden. Solange die deutschen Fabrikationsstätten noch nicht durch feindliche Bombenangriffe vollends zerstört waren, lief der Nachschub, wenn auch mehr schlecht als recht. Zudem kannten sich ja die deutschen Kradfahrer und das Instandsetzungspersonal in den Einheiten und Verbänden mit den Motorradtypen aus dem eigenen Lande aus.

Anders dagegen bei den Beutekrädern. Hier haperte es oftmals mangels ausreichender Kentnisse der deutschen Fahrer an der sachgerechten Behandlung dieser Kräder. Da zudem das Problem der Ersatzteillieferung hinzu kam,

hatten Beutemaschinen keine großen »Überlebenschancen«. Eine Ausnahme bildeten die Maschinen, deren Herstellerwerke im deutschen Besatzungsgebiet lagen oder für die ausgiebige Ersatzteillager erbeutet werden konnten. Insbesondere fielen der deutschen Wehrmacht im Laufe des Westfeldzuges zahlreiche Kräder in die Hände. Zu nennen sind hier einige französische Fabrikate, die von der Wehrmacht übernommen und für eigene Zwecke genutzt wurden. Zu diesen Beutekrädern gehörten insbesondere Maschinen von Terrot, Rene Gillet und Gnome und Rhone. Letztgenannte waren sicherlich die meisteingesetzten französischen Beutemaschinen in der Wehrmacht. Für die Gespannausführung dieses Fabrikats wurde eigens eine deutsche Dienstvorschrift erstellt, damit die deutschen Kradfahrer und Monteure sich besser mit der Handhabung vertraut machen konnten. So lautete die Dienstvorschrift (D) 605/29 vom 28.04.1944 »Schwe-

Der Haarschneider ist da! Rechts im Bild das französische Beutekrad Gnome et Rhone.

142

res Kraftrad 800 ccm mit Seitenwagen (angetrieben) Gnome Rhone (f) Typ AX 2, Gerätebeschreibung und Bedienungsanweisung.

Neben technischen Daten zum Krad enthielt sie eine ausführliche Gerätebeschreibung, eine Bedienungsanweisung zum Anwerfen des Motors bis hin zum Bremsen, Pflegehinweise und eine Instandsetzungsanweisung, die durch zahlreiche bildliche Darstellungen ergänzt wurde.

Ein weiteres Krad, das in der deutschen Wehrmacht eingesetzt wurde, aber nicht als Beutekrad im eigentlichen Sinne bezeichnet werden kann und für das eine deutsche Dienstvorschrift erstellt wurde, war die italienische Gilera. Mit gleicher Inhaltsangabe lautete diese

Vorschrift: D 618/39, Kraftrad 500 ccm, Gilera (i), Typ 500 LE Militare, vom 10.11.1944.

Nicht weniger bekannt in der deutschen Wehrmacht waren die belgischen Gespanne von FN (Fabrique National), Sarolea und Gillet 750. Deutsche Bedienungsanleitungen für diese Kräder standen allerdings nicht zur Verfügung. Auch für einige englische Fabrikate, die bei Dünkirchen erbeutet wurden, gab es keine deutschsprachigen Pflege- und Bedienungsanleitungen.

Mit dem Einsatz von Beutekrädern im deutschen Heer wurde sicherlich das Problem nach einsatzfähigen Fahrzeugen eher vergrößert denn verringert.

Kradfahrer Hanns Kletzer mit Beifahrer Uffz. Kilian von der 14. Pz.Jg.Kp., 185. I.R., auf einem französischen Beutekrad Terrot 350. (Vichy/Frankreich 1941). Die Besatzung in dem typischen Schutzmantel für Kradfahrer (Kradmantel).

Angehörige der 14. Kp. I.R. 220 auf dem Vormarsch in Litauen. Im Vordergrund ein französisches Beute-krad Gnome et Rhone mit Beiwagen (1941). Die Armee-Ausführung der Gnome et Rhone hatte einen 804 ccm Seitenventil-Boxermotor mit eigenem Antrieb für das Beiwagenrad. Eine eigene für diesen Motorrad-typ eingeführte deutsche Dienstvorschrift sollte den Kradfahrern die Handhabung dieser Kräder erleich-tern.

Eine derartige perfekte winterliche Tarnung der Fahrzeuge ist auf Einsatzaufnahmen äußerst selten anzutreffen, so daß selbst die Identifizierung der Kräder im nachhinein nicht möglich war. Vermutlich handelt es sich um Beutekräder.

Reparaturfahrzeuge, die einem Instandsetzungstrupp zugeführt wurden. In der Mitte ein französisches Beutekrad Terrot 500 OHW.

Auf dem englischen
Beutekrad Norton 16H
präsentiert sich dieser
Kradmelder der 14. Kp.
I.R. 220 in einer ost-
preußischen Ortschaft
zum Erinnerungsfoto.

Angehörige der 58. I.D. bei der Rast in einer russischen Ortschaft. Zum Fahrzeugbestand gehörte auch
dieses belgische Beutekrad FN 1000. Die berühmte belgische Waffenfabrik Fabrique National brachte dieses Krad im Jahre 1938 in die belgische Armee ein.

Eine Beutemaschine »auf der anderen Seite«. Der Angehörige vom Northamptonshire Regiment überzeugt sich von der Robustheit seines deutschen Beutekrades Zündapp KS 750.

Das amerikanische Militärkrad Indian Chief im Besitz deutscher Wehrmachtsangehöriger. Vermutlich handelt es sich hier um eine Beutemaschine aus englischen Beständen, da England 1941 bei Indian eine größere Anzahl dieser Maschinen orderte.

Dieses Beutekrad, vermutlich eine belgische FN M 86, steht sicherlich erst seit kurzem im Dienst der deutschen Wehrmacht, da die ursprüngliche Truppenkennung noch am Krad vorhanden ist.

Kräder der
alliierten Streitmächte

Zu den anderen am zweiten Weltkrieg beteiligten Nationen, die zwischen 1939 und 1945 im eigenen militärischen Bereich vermehrt Solo- und Beiwagenkräder eingesetzt haben, zählen u. a. Belgien, Holland, Frankreich, Italien, England und die USA. Dabei waren Einsatzart und Bauform dieser Kräder genauso unterschiedlich, wie innerhalb der deutschen Wehrmacht. Als Beispiel seien hier die amerikanischen schweren Solo- und Beiwagenkräder von Harley-Davidson einerseits und die kleinen 98

ccm starken Welbike-Kräder der englischen Luftlandetruppe andererseits genannt. Dazwischen gab es zahlreiche mittlere und schwere Kräder unterschiedlicher Bauart. Soweit Einsatzfotos von diesen Krädern eingeworben werden konnten, sind sie hier veröffentlicht. Tatsache ist, daß auch bei den alliierten Streitkräften viele zivile Motorräder einfach »militarisiert« und dann zum Kriegseinsatz gebracht wurden.

Eine französische René-Gillet-Zweizylinder-Beiwagenmaschine mit französischer Besatzung. Viele dieser Kräder wurden auch von den Deutschen erbeutet, umgespritzt, mit neuen taktischen Zeichen versehen und dann von der Wehrmacht recht intensiv genutzt. Offensichtlich handelt es sich hier um eine Zivilmaschine, wie die Tanklackierung belegt.

Hier handelt es sich nicht um deutsche Beutekräder der holländischen Armee. Diese BMW-Maschinen wurden offensichtlich regulär in die Armee eingeführt. Links eine BMW R 61. Dieses Fabrikat kam 1938 heraus und wurde überwiegend an die deutsche Wehrmacht geliefert. Rechts das Beiwagengespann BMW R 12. Beide Maschinen wurden in diesem Fall mit Zurüstteilen (Beleuchtung, Signalhorn) ausgestattet.

Angehörige der 41. holländischen Infanterie-Division auf deutschen BMW 61. Hier handelt es sich um Exportmaschinen aus deutscher Produktion.

»The Flying Flea«, der fliegende Floh. So wurde dieses 125 ccm starke Leichtmotorrad Royal Enfield der englischen Luftlandetruppe bezeichnet. Das Motorrad wurde entweder in einem Rohrkastenrahmen per Fallschirm abgeworfen oder aber im Horsa-Lastensegler zum Einsatzort gebracht.

Das französische Beiwagenkrad Terrot 750 wurde zwischen 1933 und 1937 hergestellt. Beachte die provisorische Scheinwerferabdeckung und den Knieschutz.

Die englische Einzylindermaschine BSA M 20 zählte mit ihren 500 ccm und 13 PS zu den mittleren Krädern im britischen Heer. Beachte das selbstgefertigte Schutzblech am Vorderrad.

Beschädigte belgische Seitenwagengespanne vom Typ Gillet 750 nach einem deutschen Flugzeugangriff 1940. Die Gillet war das im belgischen Heer meistgefahrene Gespann.

Behebung einer Reifenpanne an einer Norton 16H durch den Kradfahrer.

Der Kradfahrer mit seiner englischen Ariel W/NG muß hier die Hilfe des holländischen Buben in seinen Holzschuhen in Anspruch nehmen. Trotz guter Bodenfreiheit kam die Maschine mit diesen Geländeverhältnissen nicht zurecht.

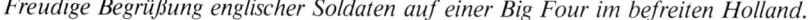

Das englische Seitenwagengespann Big Four von Norton. Die Maschine wurde überwiegend für Aufklä-rungszwecke eingesetzt. Der Seitenwagenantrieb konnte per Hand zu- bzw. abgeschaltet werden.

Freudige Begrüßung englischer Soldaten auf einer Big Four im befreiten Holland.

Für die amerikanische Harley Davidson stand das deutsche Krad BMW R 12 Pate. Es wurden ca. 1000 Maschinen dieses Typs für die Erprobung in der amerikanischen Armee produziert.

Holländische Kradfahrer versuchen sich mit den amerikanischen Krädern Harley Davidson WLC aus dem Jahr 1940.

Die leichtlädierte englische Norton 16H in Afrika. Der ursprünglich zivile Motorradtyp erhielt nur ein paar geringfügige Änderungen, um ihn für den Militäreinsatz verwenden zu können.

Der englische Kradmelder auf seiner Norton 16H versucht hier, das seichte Flußbett trockenen Fußes zu überqueren.

Die amerikanische Indian Chief mit Beiwagen. Diese in Springfield/Massachusetts (USA) gefertigten Kräder wurden 1941 von den Engländern geordert.

Polnische Armeeange-
hörige als Funktrupp
auf einem amerikani-
schen Indian Chief-
Gespann.

Die englische BSA 1000 ccm im Einsatz der motorisierten holländischen Husaren. Die sogenannte »Colonial-Version«, eine Exportausführung mit Fußkupplung, großer Bodenfreiheit und rechts montiertem Seitenwagen, wurde noch bis Ende 1939 gebaut. Die letzten Maschinen gingen an die Militärbehörden der Niederlande.

Eine englische Matchles G3, die im Gegensatz zur G3L, mit einer Parallelogramgabel ausgestattet ist. Der Scheinwerfer ging bereits verloren. Der Fahrer im typischen englischen Kradmelderhelm.

Als Ruhekissen für diesen englischen Soldaten dient eine Matchles G3L. Die G3L glich im wesentlichen der G3, sie besaß jedoch einen leichteren Motor und Rahmen. Die Maschine war schnell genug, um überwiegend in der Marschüberwachung eingesetzt werden zu können. Beachte hinten die Halterungen für die Aufnahme von Packtaschen.

Technischer Dienst an BSA M20-Krädern einer englischen Einheit. Die M20 wurde in einer Stückzahl von über 125000 an die englischen Streitkräfte geliefert.

*Eine englische BSA M20 auf dem nordafrikanischen Kriegsschauplatz. Der ansonsten stabile Vorderrad-
kotflügel sowie das Scheinwerferglas mit Verdunklungsblende sind bereits dem Einsatz zum Opfer gefallen. Dagegen ist das Speichenvorderrad mit dem Universal-Blockprofil gut zu erkennen.*

Das belgische Seitenwagengespann FNSM mit einem eigenwilligen Aufbau. Beachte auch den provisorisch angebundenen einachsigen Anhänger.

Angehörige der belgischen Armee bei einer Geländeübung mit dem Beiwagenkrad FN 1000 SM. Die mit einem 1000 ccm Zweizylinder-Viertakt-Boxermotor ausgestattete Maschine wurde von 1939 bis 1940 gebaut. Die FN war eine der ersten Motorräder mit Kardanantrieb. Beachte das Profil des Vorderrades.

Neben den beiden linken Vorkriegsmodellen rechts eine englische Matchles G3L aus dem Jahr 1942. Gut zu erkennen sind die lange Teleskopgabel und der hintere Kippständer.

Englische Matchless G3L 1944 im befreiten holländischen Eindhoven.

Links eine Big Four mit aufgebautem MG, rechts Norton 16H.

Diese Big Four wurde mit einem Maschinengewehr auf Schwenklafette ausgestattet. Beachte auch die grobstollige Bereifung.

Eine andere Variante der Norton Big Four. Hier ausgestattet mit einem Granatwerfer, wobei der Beiwagenaufbau entfiel und stattdessen auf dem Rahmen ein Granatwerferrohr mit Zweibein montiert und zwei Munitionskästen aufgenommen wurden.

Der einfache, aber stabile Seitenwagen der Big Four. Beachte die große Einstiegmöglichkeit für den Beifahrer.

Eines der kuriosesten Motorräder, die im Laufe des II. Weltkrieges zum Einsatz kamen, war das englische Welbike. Dieses zusammenklappbare »Krad« wurde in der Luftlandetruppe eingesetzt.

166

Das Welbike mit heruntergeklapptem Lenker. Der Rahmen bestand aus vier Rohren, die sich jeweils paarweise oben und unten am Motor entlangzogen und sich am Lenkkopf und Hinterachse vereinten. Räder, Tank, Sitz, Lenker und Motor waren daran befestigt.

Auf Flugplätzen wurde das Welbike gern vom Bodenpersonal benutzt, um größere Strecken bequem zurücklegen zu können. Auch für solche Aufgaben war es ideal.

Drahtzäune und Gatter bildeten für das Welbike kein Hindernis. Es wurde einfach hinübergehoben.

Das Welbike im zusammengeklappten Zustand im Abwurfbehälter. Der zylindrische Behälter hatte einen Durchmesser von 38 cm und wurde mit dem Bike an einem Fallschirm abgeworfen.

Der amerikanische Luftlande-Motorroller »Cusman«. Nach dem Sprung konnte der Fallschirmjäger aufsitzen und in kurzer Zeit zum vereinbarten Sammelpunkt gelangen.

Nach dem Fallschirmabwurf wurde das Welbike dem Abwurfbehälter entnommen...

...und war mit wenigen Handgriffen einsatzbereit.

Hier noch einmal der Größenunterschied zwischen dem kleinen Welbike und dem englischen Luftlandesoldaten.

Eine restaurierte Royal Enfield, 126 ccm Hubraum, aus der Nachkriegszeit. Das als »fliegender Floh« bereits an anderer Stelle vorgestellte Kleinkrad der englischen Luftlandetruppe ist hier nicht mit dem walzenförmigen, quer vor dem Kurbelgehäuse angebrachten, Schalldämpfer ausgerüstet.

Die »Cusman« besaß einen Einzylinder-Viertakt-Industriemotor mit 244 ccm. Die Maschine war grob und einfach, sie machte jedoch die gelandeten Fallschirmjäger sehr beweglich.

Die ungefederte Vordergabel mit den üppigen Rollerreifen der Größe 6,00 x 6. Insgesamt war die »Cusman« ein praktisches Fortbewegungsmittel, das eine rasche Auflockerung der luftgelandeten Truppen ermöglichte.

Kräder im Modell

Oftmals wird bei der Darstellung von militärischen Einsatzfahrzeugen aus der Kriegs- und Wehrdienstzeit auch auf fabrikneue Fabrikate zurückgegriffen. Sei es, daß keine Einsatzaufnahmen zur Verfügung stehen oder um dem interessierten Leser gewisse Details am darzustellenden Objekt, die infolge des Kriegseinsatzes durch Tarnung oder sonstige Hindernisse nur teilweise zur Geltung kommen, nicht vorzuenthalten.

In diesem Bildband sollen einige der wichtigsten Kräder, die sowohl auf deutscher als auch auf alliierter Seite zum Einsatz kamen, anhand von maßstabsgerechten Verkleinerungen vorgestellt werden. Dabei handelt es sich um Plastikmodelle unterschiedlicher Maßstäbe, die aus den entsprechenden Bausätzen gefertigt wurden. Insofern soll dieses Kapitel des vorliegenden Bildbandes nicht nur zur Erläuterung der vorgenannten Einsatzaufnahmen beitragen, sondern auch dem Modellbauer als wertvolle Hilfe bei der Ausgestaltung und Verfeinerung des eigenen Modells dienen.

Insbesondere im Maßstabsbereich 1:9 wurden bereits vor geraumer Zeit einige der interessantesten Kräder auf den Markt gebracht. Für den Liebhaber dieser historischen Modelle stehen dabei nicht nur Bausätze deutscher Kräder zur Verfügung. Auf alliierter Seite standen die amerikanische Harley Davidson WLA 45 sowie die englische Triumph 3HW Pate für maßstabsgerechte Nachbildungen. Auf deutscher Seite waren es selbstverständlich die schweren Beiwagengespanne Zündapp KS 750 und BMW R 75. Bedenkt man, daß diese Modell-

bausätze weltweit vertrieben werden, so ist es nicht verwunderlich, warum sich die Modellbaubranche für diese legendären deutschen Kräder entschieden hat. Sie waren der Inbegriff der deutschen Kradmelder- und Kradschützentruppe auf allen Kriegsschauplätzen.

Es erstaunt auch nicht, daß diese beiden Kradtypen auch als Solokräder auf dem Modellbau-Markt erschienen sind. Als Solokräder wirken diese Modelle in der Tat »amputiert«, da an der Hinterachse der Anschluß für die Antriebswelle des rechts anzuschließenden Beiwagens zwar vorhanden ist, der Beiwagen jedoch am Modell fehlt. Nichtsdestoweniger sind auch diese beiden Solokräder aufgrund ihrer zahlreichen Details äußerst interessant anzusehen.

Ein sehr interessantes Modell - das hinsichtlich der Detailgenauigkeit mit dem Original durchaus konkurrieren kann - ist das Kettenkrad HK 101 von NSU, ebenfalls im Maßstab 1:9. Da es von vielen Lesern immer wieder den eigentlichen Krädern zugeordnet wird, soll es hier die militärischen Kradmodelle ergänzen.

Die Vorstellung dieser Kräder in Militärausführung wäre unvollständig, würde man das Modell des BMW R 75-Gespanns in der Zivilausführung der Nachkriegszeit dem interessierten Leser vorenthalten. Das in schwarzem Glanzlack gehaltene Modell mit vielen Zierstreifen und diversen Chromteilen läßt kaum die Vorstellung zu, daß die Originale einstmals im feldgrauen Anstrich vor den Toren Moskaus standen.

Ein Mädchen für alles -
das Kettenkrad HK 101 von NSU

Das wohl ausgefallenste »Motorrad«, das während des 2. Weltkrieges zum Einsatz kam, war das Kettenkrad HK 101 von NSU. Die Anregung zur Entwicklung und die finanzielle Förderung hierzu kamen vom damaligen Heereswaffenamt. Die Entwicklung selbst wurde von den NSU-Werken AG in Neckarsulm übernommen. Obgleich es sich nicht um ein Krad im eigentlichen Sinne handelte, wird es doch überwiegend in einem Atemzug mit den üblichen Krädern genannt. Wegen seiner Einzigartigkeit soll es daher auch in diesem Bildband berücksichtigt werden.

Das Kettenkrad war ein Produkt aus dem Schleppfahrzeugprogramm der damaligen Heeresführung. Auch die Produktionszahlen bestätigen diese Aussage. Sie lagen im Kriegsjahr 1940 erst bei 140 Stück.

»Ein Mädchen für alles«, so wurde das Kettenkrad in einer Pressemitteilung der NSU Werke AG aus dem Jahr 1941 bezeichnet. In der Tat sollte sich diese vielseitige Verwendungsmöglichkeit des Kettenrades bis weit nach Kriegsende bestätigen. Unter alliierter Aufsicht wurde das Kettenkrad noch bis in das Jahr 1948 für den Einsatz in der darniederliegenden deutschen Forst- und Landwirtschaft produziert.

Während der Kriegszeit galt das Kettenkrad als das einzige unbedingt geländegängige leichte Melde-, Kurier- und Erkundungsfahrzeug. Daher sicherlich auch die vermeintliche Zuordnung zu den Krädern. Insgesamt kamen bis zum Kriegsende ca. 8500 Kettenkräder zum Einsatz. Fachleute schätzen, daß aus der Kriegs- und Nachkriegsproduktion noch einige Hundert Fahrzeuge vorhanden sind, die auch noch im Weinanbau eingesetzt oder von Liebhabern wie ein Augapfel gehegt und gepflegt werden.

Das NSU Kettenkrad im Einsatz. In den Tauwetterperioden der russischen Winter waren diese Gelände-verhältnisse an der Tagesordnung.

Kettenkräder der Fallschirm-Artillerie-Truppe im Einsatz in Nordafrika.

Das Kettenkrad als Zugprotze für die Leichtgeschütze der Fallschirm-Artillerie 1942 in der Normandie.

Einsatz des Kettenkrades als Meldekrad auf dem afrikanischen Kriegsschauplatz in Tunesien.

Nach dem Krieg wurde das Kettenkrad in der Land- und Forstwirtschaft eingesetzt.

Krad mit Trittbrett -
die Harley Davidson WLA 45

Mit 739 ccm Hubraum und 23 PS bei 120 km/h Höchstgeschwindigkeit war die amerikanische WLA 45 etwa mit den deutschen Wehrmachtskrädern Zündapp KS 750 und BMW R 75 zu vergleichen. Rein äußerlich unterschied sich dieser Motorradtyp von allen anderen Modellen dadurch, daß er keine Fußrasten sondern regelrechte Trittbretter auf beiden Seiten des Motor- bzw. Getriebeblocks aufwies. Eine Eigenart, die bis in die heutige Zeit bei allen schweren Harley Davidson-Maschinen beibehalten wurde.

Da auch dieses Modell aus einer Vielzahl von Einzelteilen besteht, erfordert der Zusammen-bau viel Geduld und Sorgfalt. Insbesondere im Bereich des Motor- bzw. Getriebeblocks und der Trittbretter mit dem Schaltgestänge ist nur eine schrittweise Bauausführung möglich. Das Zusammenfügen verschiedenartiger Materialien - insbesondere der Gummi- mit den Plastikteilen - bereitet keine Schwierigkeiten, wenn man einen Einkomponentenkleber benutzt. So lassen sich z. B. die typischen Gummischmutzfänger der Harley in Sekundenschnelle an den dazugehörigen Plastikbaugruppen befestigen.

Die hier abgebildeten Modelle wurden in unterschiedlichen Farbgebungen erstellt und zwar in mattgraugrüner Lackierung, der allgemein üblichen Farbgebung der Harley Davidson sowie in einer hellsandfarbigen Version für den Einsatz in Wüstengebieten.

Die amerikanische Harley Davidson WLA 45 im Maßstab 1:9 in sandfarbener Lackierung. Auf dem Soziussitz ein Paar erbeuteter Knobelbecher.

Hier das gleiche Modell in mattgraugrüner Lackierung. Gut zu erkennen ist der sogenannte »Cowboy-Sattel«. Getriebe- und Motorblock sind eine »Fundgrube« für einen Detailfetischisten.

Der Zweihälftentank der WLA 45. Der Tacho ist auf dem Tank angebracht. Beachte auch die beiden Tankeinfüllstutzen und den Schraubverschluß für den Ölmeßstab.

Tropen-Triumph -
die englische Einzylinder-Triumph 3HW

Das Original der englischen Triumph-Motorradwerke wurde speziell für den Kriegseinsatz konstruiert. Als ziviles Motorrad war sie bereits in ähnlicher Ausführung vor dem 2. Weltkrieg auf dem Markt. Da dieses verhältnismäßig »leichtfüßige« Motorrad jedoch höchsten Ansprüchen genügte, wurde die Triumph 3HW auf allen Kriegsschauplätzen der Royal Armee - insbesondere im südostasiatischen Raum - eingesetzt.

Von den hier vorgestellten Bausätzen aus der 1:9-Serie ist die Triumph 3HW sicherlich das Modell, das den niedrigsten Schwierigkeitsgrad hinsichtlich der Fertigung aufweist. Gute Paßgenauigkeit der Einzelteile und eine detaillierte Bauanleitung tragen hierzu bei. Lediglich im Bereich der federndgelagerten Trapezgabel ist einige Fingerfertigkeit gefordert, damit der gesamte Mechanismus auch nach Fertigstellung des Modells federnd betätigt werden kann.

Das Krad wurde in Tropenausführung lackiert, d. h., in braungelb. Hinter dem Notsitz wurden eine aufgerollte Zeltplane und eine kleine Schaufel angebracht. Der typische englische Kradfahrerhelm und eine MP vervollständigen das Modell.

Das Original der 3HW ging hauptsächlich an die englische Marine. Das Modell besticht durch die federndgelagerte Parallelogrammgabel und den Einzylinder-Blockmotor.

Eine gute Vergleichsmöglichkeit mit den tatsächlichen Einsatzfotos stellen diese Aufnahmen vom Modell der englischen Triumph 3HW dar. Hier das sandfarbene Militärmodell - und die restaurierte Maschine in Zivillackierung unten.

Detailansicht der Triumph 3 HW mit dem Batteriekasten, der Luftpumpe und dem Sattel mit Spiraldruckfedern.

Bei der Montage der federndgelagerten Trapezgabel ist einige Fingerfertigkeit erforderlich.

Renaissance auf drei Rädern -
das Modell BMW R 75 mit Beiwagen in Zivilausführung

Mitte der 50er Jahre gehörten sie zum vertrauten Straßenbild, die Motorräder mit dem dritten Rad. Man nannte sie auch »Auto des kleinen Mannes«. Sie wurden in den ersten Nachkriegsjahren oftmals aus der Not geboren und dienten ihren Fahrern vornehmlich als Transportmittel. Zu diesen schweren »Ungetümen« zählte insbesondere das BMW R 75-Gespann. Auf zahlreichen Motorradtreffs ernten diese Maschinen auch heute noch große Bewunderung. Wenn dazu mit dem Rückwärtsgang das Einparken demonstriert wird, ist den Fahrern mit ihren Maschinen die volle Aufmerksamkeit des Publikums sicher.

Auch die Modellbaubranche hat sich dieser Renaissance frühzeitig angeschlossen und die Zivilausführung der BMW R 75 mit Beiwagen herausgebracht. Alle Attribute, die das Militärmodell als Kradschützengespann kennzeichneten, wurden entfernt, so daß dieser Bausatz keinesfalls als Kopie des militärischen Bausatzes zu bezeichnen ist. Bereits das Grundmaterial wurde schwarz eingefärbt, da das fertige Modell in Glanzschwarz zu lackieren ist.

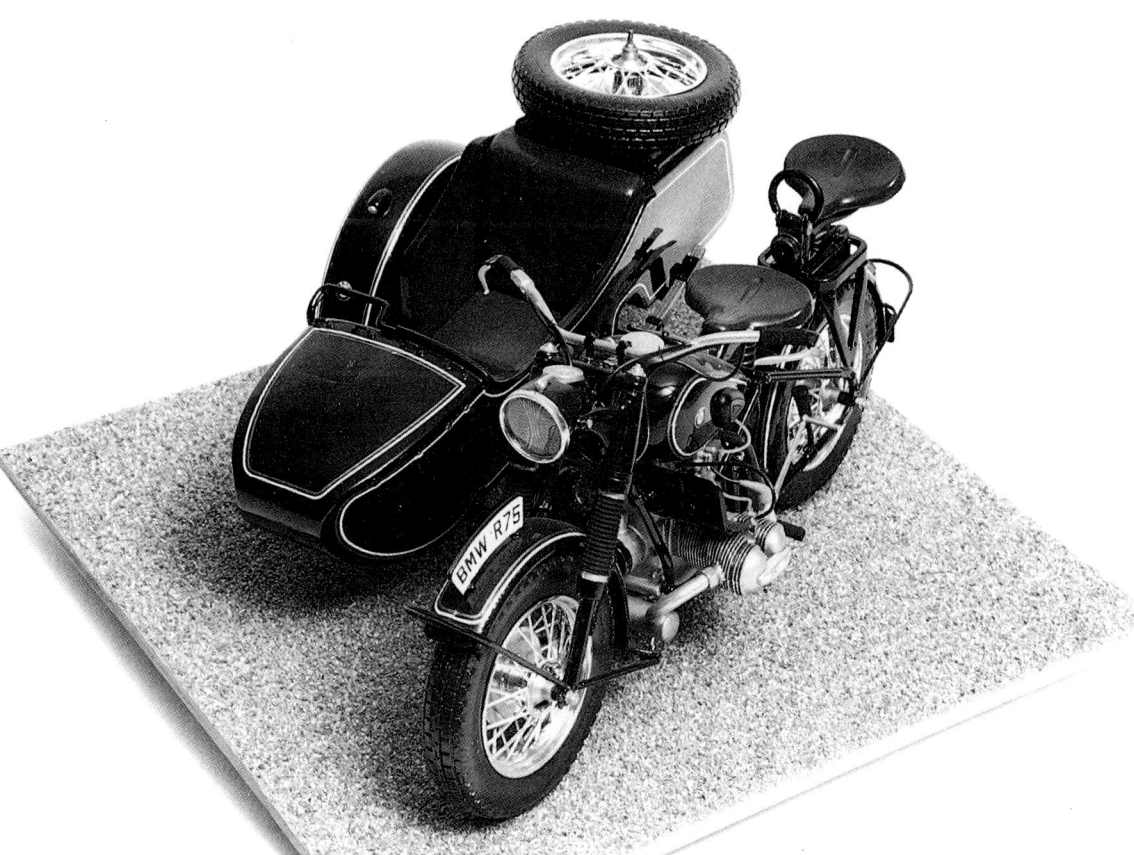

Die BMW R 75 aus der »Wirtschaftswunderzeit« im Maßstab 1:9. Schwarzer Glanzlack und viele Zierstreifen kennzeichnen dieses Nachkriegsmodell, dem alle Attribute eines Militärmotorrades entzogen wurden.

Aus dieser Perspektive ist auch am Modell die große Bodenfreiheit des Originalgespanns zu erahnen.

Das dunkelgrüne BMW R 75-Gespann in »Feuerstuhl«-Lackierung eines Motorradliebhabers.

Unsymmetrische Zweispurfahrzeuge -
die Beiwagengespanne BMW R 75 und Zündapp KS 750 in Militärausführung

Obgleich Beiwagengespanne als unsymmetrische Zweispurfahrzeuge ein technisches Kuriosum darstellen und beileibe nicht einfach zu fahren sind, waren sie doch in der Zeit des Wirtschaftswunders bei jung und alt sehr beliebt. War diese Beliebtheit auf den Einsatz der Kradschützen im 2. Weltkrieg zurückzuführen?

Neben der Zündapp KS 750 mit Beiwagen war das BMW-Gespann R 75 wohl das bekannteste unter den geländegängigen Motorradgespannen im 2. Weltkrieg. Diese beiden Spezialmaschinen kamen Mitte des 2. Weltkrieges in die Truppe.

Auch hier hat die Modellbaubranche zwei sehr ansprechende Bausätze im Maßstab 1:9 auf den Markt gebracht. Beide Bausätze zeichnen sich durch eine Fülle von Einzelteilen aus. Insbesondere die Anschlüsse für den Beiwagen und Schaltgestänge für Straßen- und Geländegänge wurden anschaulich herausgearbeitet. Der MG-Aufsatz mit dem MG 34 kann wahlweise an beiden Modellen montiert werden.

Das BMW-Modell kann zudem in der Tropenausführung - d. h. mit hochgezogenem Luftfilter - angefertigt werden, während das Zündapp-Modell mit der Kradheizung ausgestattet ist. Beide Modelle bestechen durch ihre Detailgenauigkeit. Weiterhin ist zu vermerken, daß das BMW-Modell mit Gummifaltenbälge an der Vorderradgabel ausgestattet ist.

Das schwere Beiwagengespann Zündapp KS 750 in dunkelgrauer Lackierung mit einem Kalenderbild »in die Landschaft gestellt«.

Der MG-Aufsatz mit dem aufgesetzten MG 34 auf dem Beiwagen des Zündapp KS 750-Gespanns.

Viel Stauraum war im Innern der schweren Beiwagen vorhanden. Wie auf vielen Originalaufnahmen ersichtlich, wurde der Beiwagen oftmals bis zur Grenze des Zumutbaren beladen. Gut sind hier die Heizspiralen der Kradheizung zu erkennen.

Auch die Nachbildung des schweren BMW-Gespanns R 75 ist den Modellbau-Konstrukteuren hervorragend gelungen. Das Modell besticht u. a. durch die groben Profilreifen. Oben das Modell in der »Tropenausführung« - unten in dunkelgrauer Lackierung.

Die Gummifaltenbälge und das flache Vorderradschutzblech - die sogenannte schmale Kelle - sind hier gut zu erkennen.

Das Modell besticht u. a. durch die groben Profilreifen.

Einzelkämpfer -
Zündapp KS 750/1 solo in Militärausführung

Die Liebhaber schwerer Solomaschinen betrachten die Zündapp KS 750/1 solo als begehrenswertes Einzelstück. In der Tat war die Originalmaschine in dieser Ausführung auf den Kriegsschauplätzen äußerst selten anzutreffen. Und wenn, dann wohl nur, weil der Beiwagen wegen technischer Defekte abmontiert werden mußte. Dennoch erfreut sich der Bausatz dieses klassischen Motorrades bei den Modellbauern großer Beliebtheit. Die Detailgenauigkeit und Paßform der Einzelteile dieses Modells sind hervorragend. Und dann die vielen Ex-

tras! Angefangen vom Klappspaten über Feldflasche und Kochgeschirr bis hin zur Wolldecke - es ist alles vorhanden, was ein Kradmelder als »Einzelkämpfer« benötigt. Der Autor hat diesen Bausatz noch um einige Utensilien erweitert und muß sagen: »Dieses Modell lebt!«

Wie bei den anderen 1:9-Modellen verfügt die Zündapp KS 750/1 solo über zahlreiche bewegliche Teile. Hier sind insbesondere der federndgelagerte Motorradlenker und der mit einer Rückholfeder ausgearbeitete Soziussitz zu erwähnen. Beide Baugruppen erfordern beim Zusammenbau besondere Sorgfalt, um die Funktionsfähigkeit dieser Teile zu gewährleisten.

Die Zündapp KS 750/1 solo als Modell. Unter den Originalaufnahmen dieses Buches konnte das Solokrad nur einmal ausfindig gemacht werden.

Der Anschluß für den Beiwagenantrieb ist auch am 1:9-Modell der KS 750 gut zu erkennen.

Wahlweise läßt sich das Modell mit einigen Ausrüstungsgegenständen ausrüsten wie Zeltplane, Klappstuhl, leichte Panzerfaust.

Landsertraum -
die BMW R 75 solo

Phantasie und Wirklichkeit haben die Modellbau-Konstrukteure in den Bausatz der BMW R 75 solo einfließen lassen. Das Solokrad ist zweifelsfrei die maßstabsgerechte Nachbildung des Originals. Doch in dieser Fertigungsstufe hat es die Werkshallen von BMW nicht verlassen, um den Kradbedarf an der Front zu decken. Eine BMW R 75 solo ist zu keiner Zeit als offizielles Wehrmachtskrad zum Einsatz gekommen. Dennoch, auch dieses Modell läßt das Herz eines jeden »Oldtimer-freaks« höher schlagen.

Auch hier ist der wahlweise Einbau des Tropenfilters möglich. Die Vorderradgabel ist als sogenannte Teleskopgabel ausgelegt und verfügt - im Gegensatz zum Beiwagenkrad - noch nicht über Gummifaltenbälge. Dafür sind am Modell zwei Knieschutzbleche angebracht, wie sie sehr oft auch auf Originalfotos am Beiwagenkrad zu sehen sind. Auch das breite Vorderradschutzblech - das die erste Generation dieser Baureihe kennzeichnete - sticht am Modell besonders hervor. Am Zubehör wurde ebenfalls nicht gespart. Sowohl in sandfarbener als auch in dunkelgrauer Wehrmachtslackierung ist dieses Modell eine Bereicherung einer Military-Motorradsammlung.

Eine andere gesonderte Anfertigung stellt die BMW R 75 als Solokrad dar. Hier in der sogenannten »Tropenausführung«, d. h., mit hochgezogenem Luftfilter. Der abmontierte Beiwagen erlaubt einen freien Blick auf das Schaltgestänge.

Weitere Unterscheidungsmerkmale zum Beiwagenkrad BMW R 75 sind das breite Vorderradschutzblech und die fehlenden Gummifaltenbälge.

Mit einem Kalenderbild wurde die BMW R 75 solo in die Landschaft gestellt.

Noch etwas kleiner -
die Solo- und Beiwagenkräder von BMW und Zündapp sowie das Kettenkrad von NSU im Maßstab 1:35

In etwas kleinerer Version als die bisher gezeigten Modelle bietet z. B. die Fa. Tamiya die deutschen Wehrmachtskräder BMW R 75 und Zündapp KS 750 als Solo- und Beiwagenkräder sowie das Kettenkrad von NSU an. Neben den Zubehörteilen für die Kräder enthalten diese Bausätze auch entsprechende Figuren als Kradfahrer, Beifahrer bzw. Infanteristen. Wenn auch bei einem derartigen Maßstab die Detailgenauigkeit nicht mit den bisher genannten Modellen konkurrieren kann, so handelt es sich doch um ansprechende Miniaturausführungen dieser ehemaligen Wehrmachtskräder.

Die BMW R 75 mit Beiwagen einschließlich vier Soldaten im Maßstab 1:35 der Fa. Tamiya.

Auch im Maßstab 1:35 werden die beiden Solokräder BMW R 75 und Zündapp KS 750 von der Modellbaubranche vertrieben.

NSU Kettenkrad-Modelle in unterschiedlichen Maßstäben.

Ein Mädchen für alles -
das NSU Kettenkrad

Eine Fülle funktionsfähiger Einzelteile gewährt an diesem 1:9-Modell den Einblick in die Fertigungstechnik damaliger Kettenfahrzeuge. Angefangen von den beweglich gelagerten Lauf- und Antriebsrädern über das Schaltgestänge bis hin zum lenkbaren Scheibenvorderrad wartet auf den Modellbauer eine Menge Filigranarbeit bis zur Fertigstellung des Modells.

Das NSU Kettenkrad im Maßstab 1:9 in Fleckentarnung.

Das Scheibenvorderrad mit dem Motorradlenker trug sicherlich dazu bei, dieses Fahrzeug aus dem Zugmaschinenprogramm den Krädern zuzuordnen.

Unter der Schutzabdeckung befindet sich der 1.6-Ltr.-Opel-Motor.

Der Blick in den Führerstand des Kettenkrades. Dieser glich eher dem eines Kraftwagens denn eines Krades.

Das NSU Kettenkrad mit dem Einheitsanhänger und drei Soldaten im Maßstab 1:35 ist im Handel erhältlich.

Nachwort

Der vorliegende Bildband beinhaltet keine endgültige Aufzählung aller im genannten Zeitraum eingesetzten Kräder - weder auf deutscher noch auf alliierter Seite. Zweck dieser Dokumentation ist es vielmehr, dem Geschichtsinteressierten vor Augen zu führen, mit welcher Vielfalt unterschiedlicher Kradtypen das Militär zu jener Zeit ausgerüstet war und ins Feld zog.

Darüberhinaus soll das veröffentlichte Fotomaterial einen Eindruck vom täglichen Dienst der Kradfahrer in Friedenszeiten bis hin zu den militärischen Einsätzen dieser »motorisierten Husaren« auf allen Kriegsschauplätzen vermitteln. Im Vordergrund stehen dabei nicht die zensierten Aufnahmen der PK-Fotografen, sondern die 6x6-Bilder - »geschossen« mit den privaten Fotoapparaten einzelner Soldaten - mit allen Unzulänglichkeiten hinsichtlich Motiv und Schärfe. So ist in vielen Fällen das jeweilige Krad nicht vollständig dargestellt bzw. wesentliche Teile zur Identifizierung werden durch Personen oder andere Fahrzeuge verdeckt. Verständlich, daß bei den Erinnerungsfotos vorrangig der Mensch im Vordergrund steht. Hinzu kommt die teilweise totale Verschmutzung der »stählernen Rösser«, so daß es nicht immer möglich war - insbesondere bei den vielen requirierten Krädern - den genauen Kradtyp zu bezeichnen. Dieses schmälert die Dokumentation jedoch nicht. Vielmehr wird gerade dadurch der Einsatz der Kradfahrer auf ihren teilweise völlig geländeuntauglichen Motorrädern authentisch dargestellt.

Allen damaligen Kradfahrern - sowohl »hüben als drüben« - sei dieses Buch gewidmet.

Dem Autor sind kritische Anmerkungen zu diesem Buch willkommen. Vielleicht ermöglicht Fotomaterial aus dem Leserkreis ja sogar die Herausgabe einer weiteren Dokumentation zu diesem interessanten Thema.

Horst Hinrichsen